WAX

WAX
DIE FARBEN AFRIKAS

ANNE-MARIE BOUTTIAUX

GERSTENBERG

Markttag in Brazzaville, Republik Kongo, 1940.

Albert Kalonji (kongolesischer Politiker, der für die Unabhängigkeit der ehemals belgischen Kolonie Kongo kämpfte) und seine Frau, Demokratische Republik Kongo, 1959.

Junge Kongolesin, Brazzaville, Republik Kongo, 1966.

Oben: Junge Kongolesinnen, Brazzaville, Republik Kongo, 1968.
Folgende Seiten: *Ohne Titel*, Seydou Keïta, Mali, 1952–1955.
Ohne Titel, Seydou Keïta, Mali, 1958.

5Z A55 Seïdou Keïta 1955

Bei Waxprints handelt es sich um Stoffe, die mithilfe einer besonderen Technik hergestellt werden. Hierbei werden die später auf dem Stoff erscheinenden Muster zunächst ausgespart, indem man Wachs (englisch *Wax*) auf die Textilien aufträgt und sie anschließend färbt. Auf diese Weise hergestellte Stoffe bringt man häufig mit Afrika in Verbindung. Denn inzwischen sind sie dort am weitesten verbreitet. Ursprünglich stammen sie jedoch aus Indonesien, wo man sie Batik nennt. Von hier aus wurden die Stoffe in Afrika eingeführt, wo man die Herstellungstechnik dann kopierte bzw. nachahmte. Oft werden sie als Tücher getragen – vor allem von Frauen, die sie um die Taille gewickelt tragen. Es gibt sie jedoch auch in Form von fertig geschneiderten Kleidungsstücken für Frauen und Männer. Doch Wax-Stoffe dienen nicht nur dazu, den Körper zu bedecken. In den afrikanischen Ländern, in denen sie verbreitet sind, haben sie darüber hinaus wirtschaftliche, soziale, religiöse und politische Bedeutung. So sind sie beispielsweise Ausdruck von Identität, können bestimmte Botschaften vermitteln, zeugen von einem gewissen Wohlstand oder dienen als Zeichen von Macht. Durch den Einfluss von Designern und Personen des öffentlichen Lebens erobern Waxprints seit mehr als einem Jahrzehnt auch die »westliche« Modeszene. Dennoch bleiben sie stets untrennbar mit Afrika verbunden. Kurz gesagt: Waxprints afrikanischen Stils liegen im Trend. Und durch ihre bemerkenswerte Geschichte sind sie inzwischen sogar ins Blickfeld der Forschung geraten. Reich an Symbolik, haben sie ihren Platz in der Geschichte der Globalisierung – und dies schon lange, bevor diese überhaupt als wirtschaftliches oder wissenschaftliches Konzept wahrgenommen wurde. Waxprints sind afrikanisch, ohne es in ihrem Ursprung zu sein, und lassen sich – je nachdem, an welchem Ort und zu welchem Zeitpunkt man sie betrachtet – als kulturelle Tradition oder vorübergehenden Modetrend begreifen. So präsentieren sie sich als ein Kulturgut voller Überraschungen und Widersprüche.

WAX
VERSUS
BATIK

VON DER INDONESISCHEN BATIK ZUM »AFRIKANISCHEN« WAXPRINT

EINE GESCHICHTE DER GLOBALISIERUNG, DIE AUF DAS 19. JAHRHUNDERT ZURÜCKGEHT UND VON INDONESIEN ÜBER EUROPA UND AFRIKA BIS NACH CHINA REICHT.

BATIK IST EINE FÄRBEMETHODE, BEI DER DIE MUSTER DURCH AUFTRAGEN VON BIENENWACHS ODER REISPASTE AUSGESPART WERDEN.[1] DAS WORT »BATIK« ENTSTAMMT DEM JAVANISCHEN VOKABULAR. DENN DIE INSEL JAVA GILT ALS DER ORT, AN DEM DIESE FÄRBEMETHODE IHREN HÖHEPUNKT ERREICHTE.

DIE INDONESISCHE BATIK

Dies bedeutet jedoch nicht, dass Java oder Indonesien, wo die Technik schon seit dem 11. oder 12. Jahrhundert[2] verbreitet war, auch deren Ursprungsort ist. Der eigentliche Ort ihrer Entstehung gibt vielen Forschern Rätsel auf.[3] So gibt es beispielsweise Spuren, die auf die Anwendung von Batiktechniken im pharaonischen Ägypten, in China und in Indien hindeuten. In Indonesien – und insbesondere auf Java – wurde die Batiktechnik jedoch so sehr verfeinert und kontinuierlich fortgeführt, dass die indonesische Batik 2009 sogar von der UNESCO zum immateriellen Weltkulturerbe erklärt wurde.[4] Inzwischen erfreuen sich Batikstoffe einer großen Beliebtheit. Zu ihren prominenten Fans gehörte beispielsweise der berühmte Widerstandskämpfer gegen die Rassentrennung und spätere Präsident Südafrikas Nelson Mandela, der für seine Vorliebe für Batikhemden bekannt war.

Die Verbreitung dieser Technik außerhalb Indonesiens geht auf das 17. und 18. Jahrhundert zurück. Damals befanden sich weite Teile Indonesiens in Händen der niederländischen Ostindien-Kompanie[5], einer mächtigen Handelsgesellschaft, die oft als das erste multinationale Unternehmen bezeichnet

Aufmacherseite: Wax-Motiv »Die Schönheit des Teufels«, Design © Vlisco B. V.
Oben: Frauen tragen mit einem Tjanting Batikmotive auf Stoff auf, Insel Java, 19. Jahrhundert.

wird. Nach ihrer Auflösung im Jahr 1799 wurden ihre Territorien nach zahlreichen Kriegen, Aufständen und imperialistischen Konflikten mit England und Frankreich zu niederländischen Kolonien.

So wurde die indonesische Batiktechnik vor allem in Holland und England bekannt. Um Produktionszeit und -kosten zu senken, unternahm man hier Versuche, die Technik weiterzuentwickeln und zu mechanisieren. Denn es dauerte mehrere Monate, um ein Kleidungsstück in Batiktechnik herzustellen. Traditionell wurden derartige Kleidungsstücke von der Führungsschicht im Zentrum Javas getragen[6] und einige Designs waren sogar ausschließlich der Königsfamilie vorbehalten[7].

Anfang des 20. Jahrhunderts kam es zu einer Vermischung der Stile: Um dem Geschmack der Kolonialherren gerecht zu werden, übernahm man beliebte Motive aus der indoeuropäischen Kultur.[8] Den Vorlieben der Inselbewohner trug man durch holländische Figuren in den Batikmotiven Rechnung.[9]

»Die ästhetische Vereinnahmung der Figur des Kolonialherrn wurde zu einer Strategie im Umgang mit der Bedrohung durch den Kolonialismus.«[10]

Engländer und Holländer hatten erwartet, in Indonesien einen florierenden Markt für ihre bedruckten Wachsbatikstoffe zu finden. Doch obwohl sie sich exakt an den motivischen Vorlieben der dortigen Bevölkerung orientierten, gelang es ihnen nicht, ihre Erzeugnisse erfolgreich in Indonesien einzuführen. Wie Experten mutmaßen, entsprach die Qualität dieser Produkte nicht den gewohnten Standards der Inselbewohner. Dieses Argument trifft zumindest teilweise zu. Vielmehr scheint die Markteinführung in Indonesien jedoch an der Gesetzeslage gescheitert zu sein. Denn im Einvernehmen mit den örtlichen Behörden wurden Gesetze zum Schutz der regionalen Wirtschaft erlassen, die aus dem Ausland importierte Produkte mit hohen Steuern belegten. Und so wandten sich Engländer und Holländer schließlich dem Absatzmarkt in Westafrika zu.

Im Rahmen ihrer Handelsaktivitäten hatten die Holländer Afrikaner als Soldaten und Plantagenarbeiter nach Ostindien gebracht. Größtenteils handelte es sich hierbei um Sklaven aus dem heutigen Ghana. Nach ihrer Befreiung brachten die ghanaischen Arbeitskräfte gemusterte Batikstoffe mit in ihre Heimat. Diese fanden unter den Bewohnern der afrikanischen Westküste so großen Anklang, dass man sie schon bald kopierte und durch Motive aus der eigenen Kultur ergänzte.

Eine junge Indonesierin in einem Batikgewand, Insel Java, 1890.

Indonesische Batikmotive, Insel Java, 1921.

Waxprint mit einer Abbildung Nelson Mandelas, Collection Bernard Collet, 20. Jahrhundert.

BATIK IN AFRIKA – DER WAXPRINT

Anfang des 20. Jahrhunderts waren die Absatzmärkte für diese europäischen Produkte in Ghana am profitabelsten. Von dort aus gelangten die Batikstoffe in viele Länder Westafrikas wie etwa nach Togo, Benin und Nigeria, in den Niger, die Elfenbeinküste, nach Burkina Faso, Mali und in den Senegal. Schließlich erreichten sie auch Zentralafrika, insbesondere den Kongo (DRK). In einigen dieser Länder wurden auch eigene Textilfabriken errichtet. Meist wurden diese Betriebe zwar von holländischen und englischen Unternehmen geführt, doch sie beschäftigten immerhin afrikanische Arbeitskräfte. Diese ortsansässigen Unternehmen hatten jedoch stark unter der europäischen Konkurrenz zu leiden, deren Produkte bei der afrikanischen Kundschaft großen Zuspruch fanden.

An dieser Stelle ist es angebracht, auf die wirtschaftlichen und politischen Gegebenheiten in der ersten Hälfte des 20. Jahrhunderts einzugehen: Nach Ende des Zweiten Weltkriegs und vor der Dekolonisation Afrikas herrschten für die europäische Textilindustrie goldene Zeiten. Ihre Stoffe fanden reißenden Absatz und mit Unilever (durch UAC), einem der ersten multinationalen Konzerne, errichteten die Europäer in Afrika ein Handelsimperium. Doch zugleich war es auch die Zeit eines degradierenden und demütigenden Raubbaus an der afrikanischen Bevölkerung. Die afrikanischen Länder hatten Kolonialsteuern zu entrichten und wurden gewissenlos ausgebeutet. Während man in Europa bis heute oft den Zivilisierungsaspekt der Kolonialherrschaft betont, sieht man darin in Afrika vielmehr den Versuch, die einheimische Bevölkerung zu unterwerfen.

Vor diesem Hintergrund muss betont werden, dass sich damals allenfalls eine wohlhabendere örtliche Gesellschaftsschicht die europäischen Textilien überhaupt leisten konnte.

»In der vorkolonialen Gesellschaft der afrikanischen Regionen herrschten strenge Hierarchien. Der Besitz importierter Luxusgüter war ein Kennzeichen des hohen Ranges – und damit der Macht – der herrschenden Klassen. Somit wurden Waxprint-Textilien für die Eliten der kolonialen und postkolonialen Zeit zu einem Mittel, ihren Wohlstand auszudrücken. Sie demonstrierten damit, dass es sich ihr Besitzer leisten konnte, an neuen Formen des Konsums teilzuhaben.«[11]

Wax-Motiv »Alphabet ABC«, Design © Vlisco B. V.

Zwar wurden Waxprints größtenteils in Europa entworfen und hergestellt, dennoch wurden sie zu einem Symbol afrikanischer Identität. Schnell erfasste die Begeisterung für die bedruckten Stoffe auch die ländlichen Gebiete, wo sie in ihrer einfachsten Ausführung verkauft wurden. Hierbei handelt es sich um ein Stück Stoff von etwa 2 Yards (ca. 1,83 Metern) Länge, das – ohne weitere Verarbeitung und damit ohne zusätzliche Kosten – z. B. als Wickeltuch getragen wurde.

Unter der weiblichen afrikanischen Kundschaft herrschte schon bald eine große Nachfrage nach original holländischen Wax-Stoffen[12], vorzugsweise hergestellt von der Firma Vlisco aus Helmond in den Niederlanden. Ihre Produkte waren (und sind) in Bezug auf Farbigkeit und Motive voll und ganz auf den afrikanischen Markt zugeschnitten. Und die Tatsache, dass die Stoffe im Ausland hergestellt wurden, verschaffte ihnen einen weiteren Mehrwert. Inzwischen ist die Marktsituation etwas unübersichtlicher geworden. Denn seit etwa zwei Jahrzehnten haben afrikanische Waxprints auch den Westen erobert. So haben zahlreiche Modedesigner sich der farbenfrohen Stoffe angenommen und mit ihrer Exotik ein neues Publikum gewonnen. In den afrikanischen Ländern jedoch, in denen Waxprints eine so wesentliche Rolle spielen, hat sich die wirtschaftliche Situation aufgrund wiederholter politischer Krisen dramatisch verschlechtert. Daher sieht sich auch die Firma Vlisco inzwischen zahlreichen Schwierigkeiten gegenüber.[13] Die chinesische Konkurrenz trägt das Ihre dazu bei, indem sie den Markt mit preisgünstigen Waxprints oder Waxprint-Kopien überschwemmt.[14] Zudem haben chinesische Unternehmen mittlerweile einige Fabriken auf dem afrikanischen Kontinent übernommen.

Waren die asiatischen Stoffe anfangs noch von mittelmäßiger Qualität und verloren beim Waschen die Farbe, so ist dies inzwischen nicht mehr der Fall: Viele Imitate sind makellos und locken die Kundschaft nicht zuletzt durch den deutlich günstigeren Preis. Die Wirtschaftssysteme der afrikanischen Länder gehören damit abermals zu den großen Verlierern der Globalisierung. Ihre Kulturgüter und Motive, die den Reichtum des Kontinents versinnbildlichen, werden von ausländischen Herstellern verkauft, die den afrikanischen Markt weiter schwächen.

1- Heringa 2010, S. 122.
2- *Ibid.* S. 121.
3- Laarhoven 2012, S. 4.
4- www.unesco.org/culture/ich/en/RL/indonesian Batik-00170.
5- VOC Vereenigde Oostindische Compagnie.
6- Heringa 2010, S. 127.
7- Bertrand 2007, S. 89.
8- Heringa 2010, S. 184; Fauvelle-Aymar 1999, S. 107.
9- Bertrand 1999.
10- Bertrand 1999, S. 135.
11- Sylvanus 2009, S. 65. Der Autor spricht hier konkret von Togo.
12- Diese Stoffe zeichnen sich durch eine besonders hochwertige Verarbeitung aus und sind zweifellos am begehrtesten.
13- Persönliche Kommunikation Ruud Sanders, Januar 2017; Eindhoven Dagsblad, 31. Januar 2017, www.ed.nl/helmond/vlisco-bevriest-lonen-personeel-krijgt-dit-jaar-geenloonsverhoging~aba273c2/; Knoop, 8. Februar 2017.
14- Insbesondere der Marke Hitarget. Zur asiatischen Produktion siehe auch die Beiträge von Sylvanus 2017, S. 106–113, und Rabine 2017a, S. 114–119.

Wax-Motiv »Zündkerzen«, besonders beliebt bei Ibo-Frauen aus Nigeria, Design © Vlisco B. V.

Wandmalerei als Werbung für ein Textiliengeschäft, Brazzaville, Republik Kongo, 2004.

Ets LM
rket TEXTIL
SADOK
tel:26·92·56

Moba-Dorf, Togo, 21. Jahrhundert.

DER URSPRUNG DER BATIK GIBT VIELEN FORSCHERN RÄTSEL AUF. ES GIBT SPUREN, DIE AUF DIE ANWENDUNG VON BATIK-TECHNIKEN IM PHARAONISCHEN ÄGYPTEN, IN CHINA UND IN INDIEN HINDEUTEN. IN INDONESIEN, UND INSBESONDERE AUF JAVA, WURDE DIE BATIK JEDOCH SO WEIT ENTWICKELT UND KONTINUIERLICH WEITERGEFÜHRT, DASS SIE SCHLIESSLICH 2009 VON DER UNESCO ZUM IMMATERIELLEN WELTKULTURERBE ERKLÄRT WURDE.

Vorhergehende Seite: Batikmotiv, Indonesien, 20. Jahrhundert.
Oben: Frauen lernen das Bügeln, Kinshasa, Demokratische Republik Kongo, 1957.

Eine Frau beim Aufhängen ihrer Wäsche, Kinshasa, Demokratische Republik Kongo, 1957.

DIE TECHNIK
DER WAX-BATIK

TROTZ DER FORTSCHREITENDEN MECHANISIERUNG HABEN SICH BEI DER HERSTELLUNG VON WAX-PRINTS DIE HANDWERKLICHEN URSPRÜNGE ERHALTEN. AUCH HEUTE NOCH WIRD DABEI DIE SOGENANNTE RESERVETECHNIK ANGEWENDET. HIERBEI WERDEN DIE MOTIVE MIT WACHS ODER HARZ AUFGETRAGEN UND KOMMEN ERST NACH DEM FÄRBEN ZUM VORSCHEIN.

DER JAVANISCHE BEGRIFF »BATIK« BEDEUTET SO VIEL WIE TÜPFELN. DER AUSDRUCK BEZIEHT SICH AUF DIE HANDWERKLICHE TECHNIK, MIT DER WACHSTRÖPFCHEN AUF LEINEN- ODER BAUMWOLLSTOFF AUFGEBRACHT WERDEN.[1] DAS WACHS WIRD MITHILFE EINES TJANTING[2] AUFGETRAGEN. HIERBEI HANDELT ES SICH UM EIN KLEINES GEFÄSS MIT EINEM SCHMALEN AUSGUSS, DER EINE PRÄZISE LINIENFÜHRUNG ERMÖGLICHT.

VERSCHIEDENE HERSTELLUNGSTECHNIKEN

Die Motive erhält man, indem man sie mit Wachs auf den Stoff aufträgt. Da es die Farbe abweist, werden die davon bedeckten Bereiche beim späteren Färben ausgespart. Dieser Vorgang kann mehrmals wiederholt werden, um verschiedene Farben zu erhalten.

Beide Seiten des Stoffes werden auf dieselbe Weise behandelt, sodass sich Vorder- und Rückseite nicht voneinander unterscheiden. In Java werden Batikstoffe traditionellerweise überwiegend für *Sarongs*[3] hergestellt. Da sämtliche Motive von Hand gezeichnet werden mussten, war für die Herstellung ursprünglich teilweise monatelange sorgfältige Arbeit erforderlich. Später wurde der Herstellungsprozess deutlich beschleunigt, indem Wachs oder Farbe mithilfe von Holzblöcken aufgetragen wurde, in die die Muster mit Kupferdraht eingelassen waren. Dennoch blieb die Arbeit sehr aufwendig. Daher suchten die europäischen Kolonialherren Ende des 19. Jahrhundert nach Möglichkeiten, die Produktionszeit zu verringern. So entwickelte man in England und Holland verschiedene Mechanisierungsprozesse. Dazu gehörte eine Verbesserung der Perrotine, einer Maschine

Aufmacherseite: Wax-Motiv »Liebesbriefe«, Design © Vlisco B. V.
Oben: Mann bedruckt einen Batik-Sarong mit einem in Wachs getauchten Stempel, Insel Java, 19. Jahrhundert.

zum Auftragen von Appreturen oder Farben auf Textilien, durch J. B. T. Prévinaire für das Unternehmen HKM[4] (Haarlem Cotton Company). Weiterentwickelt und schließlich perfektioniert wurde sie von P. F. van Vlissingen & Co. Das im niederländischen Helmond ansässige Unternehmen ist seit Ende der 1960er-Jahre unter dem Namen »Vlisco« bekannt.[5]

Die Reservemethode, bei der vor dem Färben Muster aus Wachs, Harz oder anderen farbabweisenden Materialien[6] aufgetragen werden, ist ein Charakteristikum des Waxprints. Ein weiteres ist die ästhetische Wertschätzung einiger Nachteile dieser Methode, nämlich das Auftreten von Rissen oder Bläschen, der sogenannte Craquelé-Effekt.

Wenn die Stoffe in das Farbbad getaucht werden, nehmen die mit Wachs bedeckten Stellen die Farbe nicht an. Bei diesem Vorgang können sich kleine Risse oder Blasen in der Reserveschicht – also den abgedeckten Bereichen, die nicht mit der Farbe in Berührung kommen sollen – bilden. Hierdurch entstehen feine Linien oder Bläschen, die ein zufälliges Muster ergeben, das das eigentliche Motiv ornamentisch verziert. Diese unvorhersehbaren Muster wurden schon bald als erstrebenswert betrachtet, denn sie verliehen jeder Stoffbahn eine individuelle Anmutung. Dies unterschied sie von anderen Stoffen, selbst wenn sie mit exakt derselben Methode, denselben Motiven und denselben Farben hergestellt war.

Unter den Indonesiern stießen diese zufälligen Muster eher auf Ablehnung, obwohl sie sich auch in einigen ihrer Produkte fanden.[7] Bisweilen werden sie sogar als Anfängerfehler bezeichnet.[8] Vermutlich hing diese Bewertung jedoch vom jeweils gewünschten Effekt ab. In der Literatur werden diese Muster regelmäßig als Grund dafür genannt, warum sich die europäische Ware in Indonesien nur schlecht verkaufte. Doch wie bereits angedeutet, waren wohl auch andere Faktoren dafür verantwortlich, dass die auf mechanisierte Weise hergestellten Batikstoffe nicht das Interesse der indonesischen Bevölkerung fanden.

Die afrikanischen Käufer hingegen fanden Gefallen an den feinen Linien und Bläschen, die jedem bedruckten Stoff ein einzigartiges Aussehen verliehen. Sie galten als »die berühmte vollkommene Unvollkommenheit«[9]. Zudem dienten sie als Kennzeichen »echter« Waxprints. Denn im Vergleich zweier Stoffbahnen mit demselben Motiv ließ sich überprüfen, ob sich die feinen Muster tatsächlich voneinander unterschieden. War das nicht der Fall, wies dies auf einen mechanisch bedruckten Stoff hin, bei dem die Motive nicht durch Wachs oder ein anderes Reservematerial ausgespart wurden. Zwar versucht man teilweise auch bei diesen Textilien, die typischen Unregelmäßigkeiten zu imitieren, doch sie lassen

Textilfabrik in Helmond, Niederlande, 20. Jahrhundert.

sich leicht als Fälschungen entlarven. Dennoch werden auch auf diese Weise produzierte Stoffe, die entweder als Kopien von »echten« Wax-Motiven oder unter Verwendung neuer Designs hergestellt werden, unter der Bezeichnung »Wax« verkauft. Viele dieser als Fancy-Prints bezeichneten Stoffe sind nur auf einer Seite bedruckt. Sie werden meist in afrikanischen Textilfabriken hergestellt und sind deutlich günstiger als manuell hergestellte Waxprints, da es sich hierbei um einfache Drucke handelt.[10]

Bezüglich der Herstellung der »echten« Waxprints ist zudem zu erwähnen, dass der erste Herstellungsschritt, nämlich das Auftragen von Wachs zum Aussparen eines Musters, durch viele weitere Schritte ergänzt und komplex werden kann. Unter anderem hängen diese von der Anzahl der gewünschten Farben ab. So durchlaufen die Stoffe in der Fabrik von Vlisco beispielsweise eine Vielzahl verschiedener Arbeitsschritte. Die Herstellung geschieht dabei manuell oder maschinell, etwa mit sogenannten *Wax Blocks* (Holzstempel, mit denen die Motive aufgedruckt werden) oder anderen Druckmethoden.

Aufgrund des aufwendigen Herstellungsprozesses von Waxprints bemüht man sich bis heute, die Produktion schneller und effizienter zu gestalten. Dies betrifft beispielsweise die chemische Zusammensetzung der verwendeten Materialien, aber auch den Entwurf der Designs. Durch die Mechanisierung der Arbeitsabläufe ergeben sich zudem geringere Produktionskosten, die die Stoffe für ihren Bestimmungsmarkt erschwinglicher machen.

Auf der anderen Seite kommen bei einigen Produzenten jedoch auch immer aufwendigere und kompliziertere Herstellungsverfahren zum Einsatz, da man hierdurch einen beträchtlich höheren Preis erzielen kann. Ein weiterer Vorteil ist, dass sich die entsprechenden Modelle immer schwieriger kopieren lassen. Sowohl durch eine größere Anzahl an Produktionsschritten als auch durch die höhere Qualität der verwendeten Baumwollstoffe lassen sich neue, einzigartige und außergewöhnliche Modelle kreieren. Dieser Anspruch macht die auf diese Weise hergestellten Produkte zu Luxusgütern.

1– Magne 1933, S. 89.
2– auch Tjantung genannt. Die Technik der indonesischen Batik wurde bereits im 19. Jahrhundert beschrieben, siehe Raffles 1830, S. 188–190. Thomas Standford Raffles war der britische Gouverneur von Java und einer der ersten Europäer, die die Herstellung von Batikstoffen von der Baumwollernte bis zum Aufbringen der Muster beschrieben (Barnes 2010, S. 30; Heringa, 2010, S. 142).
3– Kleidungsstücke aus Stoffbahnen, die meist als Wickelrock oder -kleid verwendet werden, aber auch zu Hemden, Blusen oder anderen Kleidungsstücken weiterverarbeitet werden, vor allem in jüngerer Zeit.
4– Haarlemsche Katoen Maatschappij. Verbong 1988, S. 136–138 und S. 147–149.
5– Verschueren 1990, S. 122.
6– Die genaue Zusammensetzung des jeweiligen Reservematerials gehört oftmals zu den Produktionsgeheimnissen der Hersteller.
7– Kroese 1979, S. 12; Lillethun 2004, S. 35; Picton 1995, S. 26.
8– Magne 1933, S. 90.
9– Van Koert 2008, S. 74.
10– Fauque & Wollenweber 1991, S. 58–61; Rabine (2002, S. 135–139; 2017c, S. 249) nennt insbesondere die Imitationen und Kreationen aus der Fabrik Sotiba in Dakar, Senegal.

Wax-Motiv »Ich laufe schneller als meine Rivalin«, Design © Vlisco B. V.

Javanerinnen zeichnen Batikmotive mit einem Tjanting, Insel Java, 1930.

Linke Seite: Batik-Sarong, Insel Java, 20. Jahrhundert.
Oben: Produktionsaufseher in der Fabrik Utex Africa, Kinshasa, Demokratische Republik Kongo, 2004.

Tsonga-Frauen zeichnen in der Textilkooperative Twananani im Norden Limpopos Wax-Motive auf Stoffe, Südafrika, 1987.

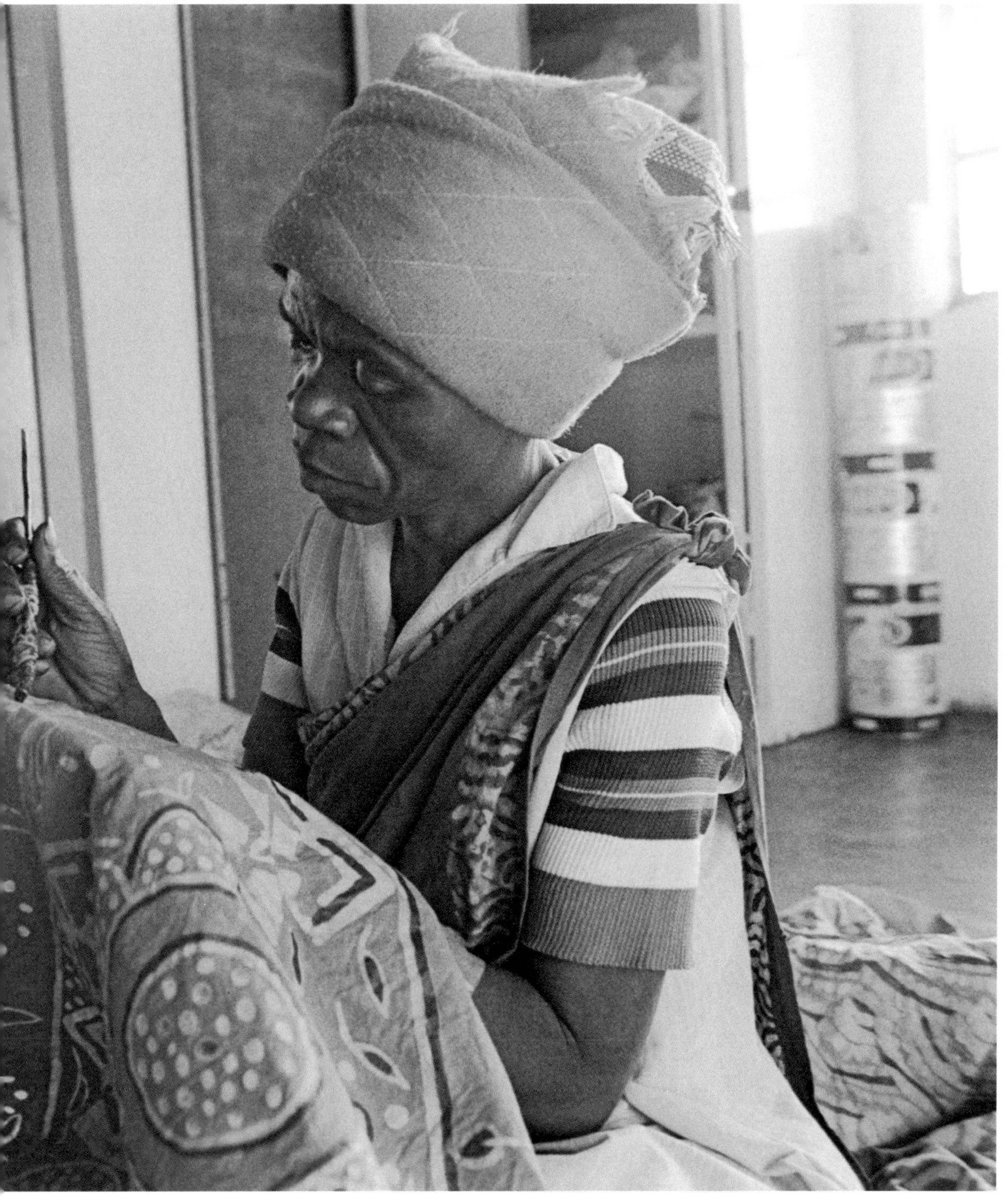

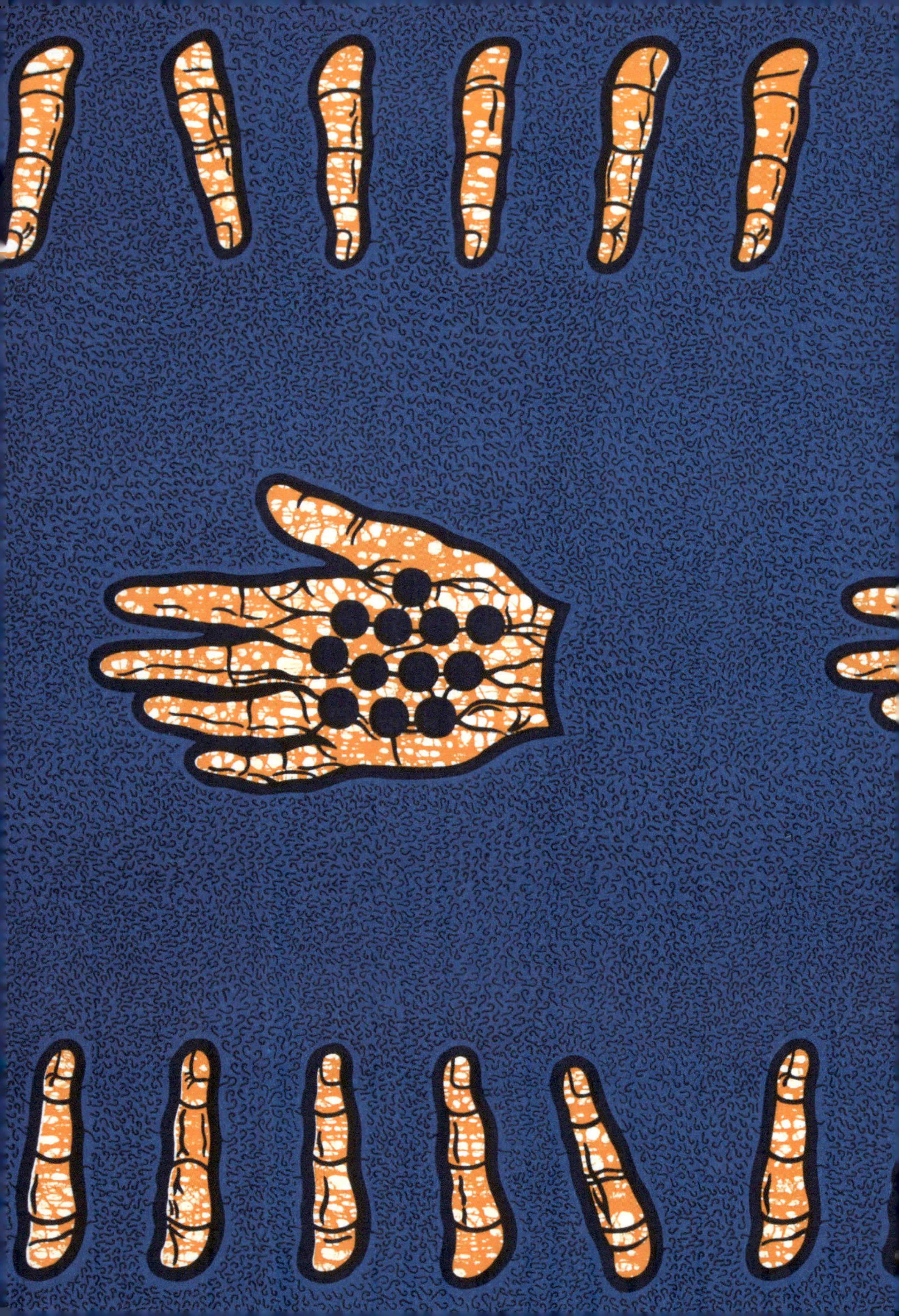

IN & OUT OF AFRICA

OBWOHL IHRE HERSTELLUNG IM WESENTLICHEN EUROPÄISCH GEPRÄGT IST, GELTEN WAXPRINTS GEMEINHIN ALS AFRIKANISCHE STOFFE. INZWISCHEN IST AUS DEN EHEMALIGEN HANDELSPARTNERN AUS ASIEN EINE BETRÄCHTLICHE NEUE WIRTSCHAFTLICHE KONKURRENZ FÜR DIE BESTEHENDEN PRODUZENTEN ERWACHSEN.

WIE BEREITS BESCHRIEBEN, STAMMEN DIE WAXPRINT-STOFFE URSPRÜNGLICH AUS INDONESIEN. NACH AFRIKA, WO SIE ZU EINEM TEIL DER AFRIKANISCHEN IDENTITÄT WURDEN, GELANGTEN SIE AUF DEM UMWEG ÜBER EUROPA – GENAUER GESAGT ÜBER ENGLAND UND HOLLAND.[1] DIE KOOPERATION UND KONKURRENZ, DIE DAS VERHÄLTNIS DIESER BEIDEN LÄNDER BEREITS IN DER KOLONIALZEIT BESTIMMTEN, SETZTEN SICH AUCH IN DER FOLGEZEIT FORT.

DIE HERSTELLUNG IN EUROPA

Mit Durchsetzungsfähigkeit, Erfahrung, technischem Know-how und einer profunden Kenntnis des afrikanischen Markts hat Vlisco die europäische Konkurrenz in der Herstellung von Waxprints so gut wie vollständig vom Markt verdrängt. Inzwischen gibt es nur noch eine oder zwei europäische Produktionsstätten, die nicht der Firma gehören. Die meisten, die heute noch existieren, wurden inzwischen von chinesischen Unternehmen aufgekauft. Unter anderem trifft dies auf den in der Nähe von Manchester (Großbritannien) ansässigen Hersteller ABC zu, der seit über einem Jahrhundert auf dem Markt vertreten ist. Die ersten Wax-Produktionen dieses Unternehmens gehen auf das Jahr 1908 zurück. Inzwischen wurde es jedoch von der chinesischen CHA-Gruppe übernommen.

Ein weiterer bekannter Hersteller von Baumwollstoffen war die Firma HKM mit Sitz im holländischen Haarlem, die zur selben Zeit

Aufmacherseite: Wax-Motiv »Die gebende Hand«, auch genannt »Einheit ist Stärke«, Design © Vlisco B. V.
Oben und rechte Seite: Fabrikproduktion bei Vlisco, Helmond, Niederlande, 20. Jahrhundert.

wie Vlisco mechanische Produktionsmethoden für Wax-Stoffe entwickelte. Der Kaufmann Ebenezer Brown Fleming (1858–1912)[2] stellte Ende des 19. Jahrhunderts den Kontakt zu einem schottischen Textilunternehmen her und es kam zu einer Kooperation der beiden Betriebe. Aus dieser Zeit stammen vermutlich auch die ersten Beziehungen zur westafrikanischen Küste.[3] Mithilfe dieser Kontakte versuchten die Europäer, ein Gespür für die motivischen Vorlieben der westafrikanischen Bevölkerung zu entwickeln. Die Ergebnisse dieser Marktforschung flossen in das Design der späteren Stoffe ein.[4]

Nach dem Ersten Weltkrieg musste HKM jedoch seine Pforten schließen. Vlisco, das zu dieser Zeit noch unter P. F. van Vlissingen & Co.[5] firmierte, übernahm einen Großteil des Bestands des Unternehmens. Zudem ging auch das Archiv mit den von HKM entwickelten Designs an Vlisco über, das diese in der Folgezeit weiterverwendete.

Auf die komplexen wirtschaftlichen Beziehungen der europäischen Textilunternehmen dieser Zeit detailliert einzugehen würde an dieser Stelle zu weit führen. Sie kooperierten und konkurrierten, unterstützten und kopierten einander. Sie kauften einander auf und bekämpften einander und ein jeder versuchte, eine Vormachtstellung auf dem Markt zu erringen. Alles in allem wirkte sich der Konkurrenzkampf der Textilunternehmen kaum auf die heutige Attraktivität der Waxprint-Stoffe aus. Bedeutender ist da schon die Tatsache, dass sich der Handel mit Waxprints – sei es durch den Verkauf der Produkte oder die Errichtung von Filialen oder Fabriken – in Afrika etablieren konnte. Dies verleiht der Geschichte der Waxprints ihren besonderen Charakter – eine Mischung aus europäischem Expertenwissen, angeeignetem Kulturerbe und der Anziehungskraft des Exotischen.

Dennoch soll die Unternehmensgeschichte von Vlisco an dieser Stelle nicht unerwähnt bleiben. Denn das Unternehmen aus dem holländischen Helmond hat das Leben unzähliger Familien aus zahlreichen Ländern Afrikas entscheidend geprägt und seine Designs sind ein unverwechselbarer Ausdruck afrikanischer Geschichte.

In vielerlei Hinsicht lässt sich über das Unternehmen Vlisco Ähnliches sagen wie über African Lace, einen österreichischen Hersteller von Stickereistoffen, der ab den 1960er-Jahren für den nigerianischen Markt produzierte:

> »Die Stickereiwaren [...] sind Ausdruck einer globalen Verflechtung. Sie stellen die konventionelle Definition von Tradition und Authentizität infrage.«[6]

Bei Wax-Textilien kommt ein weiterer Aspekt hinzu. Denn hierbei handelt es sich nicht nur um ein angeeignetes Kulturgut, sondern auch um eine kulturelle Rückaneignung. Schließlich zählten aus Afrika stammende Motive zu den wichtigsten Inspirationsquellen der europäischen Hersteller.

Nicht nur die sogenannten Java-Stoffe, die auf den direkten Einfluss indonesischer Produkte zurückgehen, erfreuten sich auf dem afrikanischen Kontinent großer Beliebtheit. Erfolgreich waren vor allem auch diejenigen Wax-Motive, die entsprechend den bevorzugten Farben und Mustern der afrikanischen Bevölkerung entworfen wurden. So diente die potenzielle Kundschaft als wichtigste Inspirationsquelle für die eigens für den dortigen Markt bestimmte Ware.

Noch bis vor Kurzem entsandte Vlisco Mitarbeiter in verschiedene afrikanische Länder, um dort die aktuellen Trends und Tendenzen in Bezug auf Farben und Designs zu erforschen. Mittelspersonen vor Ort waren vor allem Händlerinnen, die die pro Yard[7] verkauften Tücher und Stoffe anboten und somit in direktem Kontakt mit den Kunden standen.

In den Archiven und Bibliotheken von Vlisco findet man anthropologische und ethnologische Werke, aus denen die Designer ihre Ideen schöpften. Auf Seiten afrikanischer Beobachter und Wissenschaftler stößt dieses Vorgehen jedoch auf Vorbehalte. Sie vertreten die Ansicht, ihrer kulturellen Schöpfungen beraubt und um sie betrogen worden zu sein. Meist werden derartige Einwände im Zusammenhang mit einer Rückbesinnung auf das »wahre afrikanische Kulturerbe« geäußert. Erst kürzlich veröffentlichte die Zeitung *Le Monde* einen Artikel mit dem Titel »Wie die vorgeblich afrikanischen Waxprints die authentischen Stoffe des Kontinents vom Markt verdrängen«[8]. Es trifft zwar zu, dass die europäischen Waxprints die lokale Wirtschaft durch unlauteren Wettbewerb untergraben haben. Nicht weniger wahr ist es jedoch, dass die holländischen Wax-Stoffe unter der afrikanischen Bevölkerung großen Zuspruch fanden. Die Begeisterung für die europäische Ware wurde durch ihre ausländische Herkunft und die außergewöhnliche Qualität weiter gesteigert. Und die Designer dieser Stoffe haben sich aus dem reichen motivischen Repertoire bedient, das in Afrika bereits vorhanden war. Wir haben es hierbei mit einem Prozess der »erfundenen Tradition« zu tun. Dieses vor über 30 Jahren von den Historikern Eric Hobsbawm und Terence Ranger[9] entwickelte Konzept lässt sich, betrachtet man die Geschichte der Waxprints in Afrika, keinesfalls verleugnen.

»Die aus Europa importierten Traditionen dienten nicht nur den Weißen als Instrument, in Afrika eine Vormachtstellung zu erlangen. Sie lieferten den Afrikanern zahlreiche Vorbilder für eine als ›modern‹ empfundene Lebensweise.

Oben und rechte Seite: Wax-Druck mit einem in Wachs getauchten Holzstempel, Fabrik Vlisco, Helmond, Niederlande, 20. Jahrhundert.

Die ›erfundenen Traditionen‹ der afrikanischen Gesellschaft – ob nun von den Europäern eingeführt oder als Reaktion der Afrikaner selbst – deuteten die Vergangenheit um. Gleichzeitig wurden sie selbst zu einem Teil der Realität, mithilfe derer sich ein Großteil der Begegnung zwischen Europäern und Afrikanern während der Kolonialzeit ausdrückte.«[10]

Die Einführung von Waxprint-Stoffen auf dem afrikanischen Kontinent muss als eine Verkettung oftmals widersprüchlicher Umstände angesehen werden. Leichter erfassen lässt sich dieses Phänomen durch das von Arjun Appadurai entwickelte und später von Igor Kopytoff weiterentwickelte Konzept des »sozialen Lebens der Objekte«. Demgemäß verleiht der Handel mit Gegenständen und Waren, die Tatsache, diese auszutauschen und besitzen zu wollen, diesen einen inneren Wert. Appadurai schlägt demnach vor, die Objekte für sich genommen zu betrachten und zu erfassen, was sie so begehrenswert erscheinen lässt. Davon ausgehend, begibt man sich auf die Suche nach dem Weg, den diese Gegenstände zurückgelegt haben. Hierbei betrachtet man ausschließlich die Spuren, die die jeweilige Ware in der Gesellschaft hinterlassen hat, unabhängig von jeglichen Eingriffen durch den Menschen.[11] Zwar handelt es sich dabei um ein rein gedankliches Konstrukt, allerdings ist es im konkreten Fall sehr zutreffend.

Denn die Betrachtung der Umstände im Hinblick auf die Objekte – auch wenn diese im realen Leben selbstverständlich vom Menschen beeinflusst werden – ermöglicht einen Perspektivenwechsel:

»Der Werdegang der Objekte macht verständlich, was andernfalls verborgen bliebe. Bei interkulturellen Kontakten kann er z. B. zeigen, was Anthropologen schon so oft betont haben: Wenn fremde Gegenstände (oder Ideen) in den eigenen Kulturkreis übernommen werden, ist nicht die Tatsache, dass sie übernommen werden, das Ausschlaggebende. Wichtig ist vielmehr die Art und Weise, wie sie kulturell umdefiniert und verwendet werden.«[12]

Auch die rituellen Kunstwerke der afrikanischen Bevölkerungen – oftmals abwertend als »primitive Kunst« bezeichnet – lassen sich aus diesem Blickwinkel betrachten. Dabei lässt sich erkennen, wie sehr sich ihr Status sowie ihr finanzieller und ästhetischer Wert veränderten, als sie die Museen und Privatsammlungen erreichten.[13] In diesem Moment erfuhr die Rolle, die diese Kunstwerke in ihrer Ursprungsgesellschaft spielten, einen drastischen Wandel. Ähnliches trifft auch auf die Wax-Stoffe zu, die in Europa hergestellt wurden und den afrikanischen Markt nachhaltig eroberten. Allerdings gibt es auch Unterschiede. Denn die rituellen afrikanischen Kunstwerke wurden zuerst von ihren Urhe-

bern verwendet – eine Voraussetzung dafür, dass sie als authentisch gelten dürfen.[14] Erst später nahmen sie eine Funktion außerhalb ihres ursprünglichen Umfelds an. Appadurai bezeichnet derartige Gegenstände als »Waren per Metamorphose«[15]. Die Wax-Stoffe hingegen sind »Waren per Bestimmung«[16]. Denn sie wurden im Hinblick auf die afrikanische Kundschaft – und nicht für die westlichen Länder – entworfen. Dieser besondere Umstand ist jedoch inzwischen im Wandel begriffen. Denn auf ihrem Weg über Afrika wurden die Waxprints von der Identität des Kontinents durchdrungen, die ihnen seitdem anhaftet. Was Wax-Stoffe und afrikanische Kunstwerke vereint, ist ihre Fähigkeit, bei den Käufern Begehrlichkeiten zu wecken. Diese hat im Lauf ihrer Geschichte einen Parallelmarkt für Fälschungen entstehen lassen.

Die neuesten Werbekampagnen von Vlisco zeigen Produkte, die voll und ganz auf Luxus, Glanz und Sinnlichkeit setzen.[17] Zwar wurden auch viele der aus den Textilien des Unternehmens hergestellten Kleidungsstücke für Männer entworfen. Dennoch ist es vor allem das Bild der verführerischen, ikonischen Frau, das zum Emblem für die Qualität der Produkte und ihrer Begehrtheit wurde. Vlisco beschäftigt eine Reihe von afrikanischen Modeschöpfern. Viele dieser Designer stammen jedoch aus westlichen Ländern. Wo dies der Fall ist, verweist der Hersteller gerne auf deren afrikanische Wurzeln – als wäre ihre Verbindung zum schwarzen Kontinent eine gewisse Legitimation, mit diesen Textilien zu arbeiten. Ein Beispiel ist der in Brüssel gebürtige Designer Elie Kuamé.[18] Er nahm 2016 an den Feierlichkeiten zum 170. Firmenjubiläum von Vlisco teil.[19]

Passantin im Wickelrock, Kinshasa, Demokratische Republik Kongo, 2004.

Werbetafel von Vlisco, Cotonou, Benin, 2017.

Stoffhändler auf dem Markt von Brazzaville, Republik Kongo, 2004.

DIE HERSTELLUNG IN AFRIKA

Ghana, die ehemalige Goldküste, gilt allgemein als erstes afrikanisches Land, das die mit Wachsreservetechnik bedruckten Stoffe für sich entdeckte. Vermutungen zufolge gelangten sie hierher durch ghanaische Soldaten, die nach Indonesien entsandt wurden.[20] Ein weiterer Grund für ihre Verbreitung könnte der dortige rege Handel mit Manufakturwaren gewesen sein, die vornehmlich aus England, Holland und der Schweiz stammten.[21] Von hier aus verbreitete sich die Vorliebe für Wax-Textilien in ganz West- und Zentralafrika, vor allem in der Demokratischen Republik Kongo. Die Batiktechnik war zwar auf dem afrikanischen Kontinent bereits bekannt, allerdings nicht in Form einer industriellen Produktion. Anfangs stand die lokale Herstellung nicht zur Debatte. Doch schon zu Beginn des 20. Jahrhunderts wurde es nötig, Zwischenhändler vor Ort zu finden, um den Handel zu verbessern und Inspirationsquellen für die Wahl der Motive und Farben zu erhalten.[22]

In den 1960er-Jahren, als verschiedene afrikanische Länder die Unabhängigkeit erlangten, trugen sich einige Staatschefs mit der Absicht, eine eigene Textilindustrie aufzubauen. Ihre Gewinne sollten ausschließlich den afrikanischen Nationen zugutekommen, die nun von der Kolonialherrschaft befreit waren.

Ghana war nicht nur eines der ersten Länder, die die Unabhängigkeit erlangten.[23] Auch hinsichtlich der Schaffung regionaler Infrastrukturen für die Textilindustrie war es Vorreiter. Anfangs erfolgte dies noch unabhängig von

Firmenschild der Fabrik Utex Africa, Kinshasa, Demokratische Republik Kongo, 2004.

Rollen mit Waxprint-Stoffen in der Fabrik von Vlisco, Helmond, Niederlande, 21. Jahrhundert.

ausländischen Interessen. Doch schon bald waren die ghanaischen Unternehmen auf die Finanzierung durch ausländische Investoren angewiesen und wurden von diesen übernommen.

Ein prominentes Beispiel ist die Firma GTP (ursprünglich Ghana Textiles Printing Company).[24] Erst staatliches, dann privates Unternehmen, befand sich die Firma von 1982 bis 1992 vollständig in ghanaischer Hand. Inzwischen wurde das Unternehmen jedoch von der Investitionsgesellschaft Actis übernommen und der Vertrieb der Produkte erfolgt über Vlisco.[25] Ähnliche Erfahrungen waren in Nigeria und Benin, im Senegal und im Niger, in Burkina Faso, in der Elfenbeinküste und im Kongo zu beobachten: Die hier entstandenen Fabriken wurden entweder geschlossen oder befinden sich in der Hand ausländischer Unternehmen, meist aus dem asiatischen Raum. Ein Beispiel hierfür ist das ghanaische Unternehmen ATL (Akosombo Textiles Limited).[26] Zwar hatte es zunächst noch die Produktion des Schwesterunternehmens ABC Manchester übernommen, dieses wurde jedoch von der chinesischen Cha-Gruppe aufgekauft, die auch Fabriken in Nigeria[27] und im Kongo übernahm. Andere Unternehmen fungieren inzwischen als Filialbetriebe von Vlisco.[28] Hierzu gehört auch Uniwax in der Elfenbeinküste, das nach seiner Gründung in den 1970er-Jahren ein rasantes Wachstum verzeichnen konnte.[29] Durch die asiatische Konkurrenz hat sich die Marktlage jedoch inzwischen verschlechtert. Länder wie der Kongo werden immer wieder von politischen Krisen gebeutelt, die die ökonomische Sicherheit der Bevölkerung schwächen. Daher gewinnen die zu niedrigeren Preisen verkauften Textilien der asiatischen Konkurrenz immer weiter an Attraktivität.

Somit steht die afrikanische Produktion praktisch unter fremdem Einfluss. Versuche, die afrikanischen Länder aus der Position der Abhängigkeit zu befreien, haben afrikanische Staatschefs immer wieder unternommen. Hierzu gehörten beispielsweise Kwame Nkrumah, der erste Präsident Ghanas (1960–1966) und Jerry Rawlings, der von 1981 bis 2001 in Ghana regierte. Ein weiterer Verfechter der

Designstudio im Werk von Utex Africa, Kinshasa, Demokratische Republik Kongo, 2004.

wirtschaftlichen Unabhängigkeit war Thomas Sankara, von 1983 bis 1987 Präsident von Burkina Faso. Unter seiner Regierung wurden die Staatsbeamten sogar dazu verpflichtet, im Dienst Kleidung aus *Faso dan Fani*, den vor Ort hergestellten handgewebten Baumwollstoffen, zu tragen.[30] Doch obwohl diese Bestrebungen den Nationalstolz fördern sollten, wurden auch sie als eine Form von Zwang angesehen. Und so war die Hinwendung zu ausländischen Waren, die zudem für eine gewisse Modernität standen, die unvermeidliche Folge davon.

Eine Besonderheit in der Geschichte der Waxprints ist die Tatsache, dass sie nie als spezifisch westliche Mode galten, die quasi als Beweis der Integration in einen fremden Kulturkreis getragen wurde.[31] Daher wurden sie in der Öffentlichkeit anders wahrgenommen als etwa Jeans oder T-Shirts. Stattdessen haben sich Waxprints in das kulturelle Leben eingefügt, aus dem sie auch zu entstammen scheinen. Indem sie in Form eines Stücks Stoff angeboten wurden, das als Wickelrock oder -kleid getragen werden kann, schienen sie sich nicht von anderen Stoffen aus lokaler Produktion zu unterscheiden, die handgewebt oder mit Reservetechniken gefärbt wurden.[32]

Wax-Stoffe sind eine Ware, die genau auf ihre Kundschaft zugeschnitten ist – erst auf Indonesien, dann auf Afrika. In den Ländern, die diese Stoffe exportierten, stießen sie hingegen jahrzehntelang auf Desinteresse.

1– Zu Beginn des Waxprint-Abenteuers, bis Anfang der 1970er-Jahre, war auch die Schweiz beteiligt; Nielsen 1979, S. 470, 472, 480.
2– Elands 2017, S. 53–61; Kroese 1976, S. 47–55; Picton 1995, S. 26–27.
3– Eine nicht zu vernachlässigende Rolle beim Aufbau dieser ersten Kontakte scheint die Scottish Mission (Schottische Mission) gespielt zu haben. Bei ihren Versuchen, die Bevölkerung zum Christentum zu bekehren, führten die Missionare unter anderem neue Kleidungs- und Erziehungssitten ein.
4– Verschueren 1990, S. 48; Verbong 1988, S. 240–241.
5– Nach dem Namen des Unternehmensgründers Pieter Fentener Van Vlissingen. Die Firma existiert seit 1846.
6– Plankensteiner 2013; Plankensteiner 2010.
7– Auch heute noch wird das Yard auf den Märkten Afrikas als Maßeinheit für Stoffe verwendet, wobei ein Yard etwas weniger als einem Meter (91 Zentimeter) entspricht. Stoffbahnen werden im Allgemeinen à 2, 4 oder 6 Yards verkauft, woraus sich ein komplettes Ensemble, bestehend aus Wickelrock, Bluse und Kopftuch, anfertigen lässt.
8– Monnier, 2016.
9– Hobsbawm & Ranger 2000 (1983).
10– Ranger 2000 (1983), S. 212.
11– Appadurai 1986, S. 3–63.
12– Kopytoff 1986, S. 67.
13– Siehe auch Kopytoff 1986, S. 78.
14– Jedes Objekt, das von vornherein für den westlichen Markt hergestellt wird, gilt als eine Fälschung und als bestenfalls für den touristischen Vertrieb geeignet.
15– Appadurai 1986, S. 16.
16– Appadurai 1986, S. 16.
17– Siehe auch Gott & Loughran 2017, S. 204–223.
18– Libanesisch-ivorischer Modeschöpfer mit Wohnsitz in Paris.
19– Monnier 2016.
20– In diesem Punkt gehen die Meinungen auseinander: Manche Autoren meinen, die in ihre Heimat zurückgekehrten Soldaten hätten maßgeblich zur Verbreitung der Batikstoffe beigetragen (Kroese 1976, S. 35–46). Andere wiederum behaupten, die Technik sei in Westafrika bereits bekannt gewesen und die Soldaten wären finanziell nicht dazu in der Lage gewesen, derartige Stoffe zu erwerben und in ihre Heimat mitzubringen (Van Kessel 2005, S. 194–195).
21– Kroese 1976, S. 58–59.
22– van der Laan 1983, S. 290.
23– Am 6. März 1957.
24– Van Koert 2007; http://gtpfashion.com/about-gtp/ghana-gtp-story.
25– Van Koert 2007, S. 67–75, S. 102–104.
26– Weitere Details zu ATL siehe Miescher 2017, S. 86–95.
27– In Nigeria werden sowohl Wax- als auch Fancy-Print-Stoffe produziert, die beide unter der Bezeichnung *Ankara* bekannt sind, siehe Renne 2017, S. 162–175.
28– Wie Unilever, Texoprint, Gamma Holdings und seit 2010 Actis.
29– Grosfilley 2017, S. 102–105; Jones 2005, S. 193; Van Koert 2008, S. 47–59.
30– »La Sirène de Faso Fani«, ein Film von Michel K. Zongo, erzählt die Geschichte der Manufaktur, die diesen Stoff bis 2001 herstellte.
31– Gerade junge Leute müssen in bestimmten afrikanischen Ländern oftmals um Akzeptanz für das Tragen westlicher Kleidung seitens des Staates, der Gesellschaft und der Familie kämpfen; siehe Rillon 2010.
32– Bouttiaux 2008, S. 88–89; siehe auch die Studie von Patricia Gérimont (2008) über die Färbereien in Mali, die die verschiedenen Färbetechniken detailliert beschreibt.

Design © Vlisco B. V.

Häuptling der Aho im Kreise seiner Frauen, Benin, 1936.

Tanzende und singende Frauen bei einer Voodoo-Zeremonie für die Gottheit Sakpata in der Nähe von Ouidah, Benin, 2010.

Frau mit Regenschirm, Demokratische Republik Kongo, 1938.

Kongolesische Studentinnen, Demokratische Republik Kongo, 1965.

NOCH BIS VOR KURZEM WURDEN VLISCO-MITARBEITER IN VERSCHIEDENE AFRIKANISCHE LÄNDER ENTSANDT, UM DORT TRENDS UND TENDENZEN IN BEZUG AUF FARBEN UND DESIGNS ZU ERFORSCHEN. MITTELSPERSONEN VOR ORT WAREN MEIST HÄNDLERINNEN. SIE BOTEN WICKELTÜCHER UND STOFFE AN, DIE PRO YARD VERKAUFT WURDEN, UND STANDEN SO IN DIREKTEM KONTAKT ZUR KUNDSCHAFT. IN DEN ARCHIVEN UND BIBLIOTHEKEN VON VLISCO FINDET MAN ANTHROPOLOGISCHE UND ETHNOLOGISCHE WERKE, DIE DEN DESIGNERN ALS INSPIRATIONSQUELLEN DIENTEN.

DUA KUR
GYE ENUM
A OBU

Vorhergehende Seite: Wax-Motiv »Der umgestürzte Baum«, Design © Vlisco B. V.
Oben: Wasserträgerinnen bei einer Voodoo-Zeremonie für die Gottheit Sakpata in der Nähe von Ouidah, Benin, 2010.

Eine Frau, die ihr Baby auf dem Rücken trägt, Ghana, 2012.

Wickelröcke von Frauen aus dem Dorf Douakani, Republik Kongo, 2011.

BERLAND

DIE AFRIKANISCHE IDENTITÄT DES WAX-PRINTS

IN AFRIKA SIND WAXPRINTS MIT ALLEN BEREICHEN DES LEBENS VERWOBEN. SO ERFÜLLEN SIE IN DEN STÄDTEN UND DÖRFERN POLITISCHE, WIRTSCHAFTLICHE, RITUELLE UND GESELLSCHAFTLICHE FUNKTIONEN. DIE MOTIVE, DIE DIE STOFFE ZIEREN, HABEN BESTIMMTE BEDEUTUNGEN, DIE SICH JE NACH ORT UND GELEGENHEIT VERÄNDERN KÖNNEN.

KLEIDUNG KANN SOWOHL EIN PRODUKT ABSOLUTER NOTWENDIGKEIT ALS AUCH EIN AN SICH UNNÖTIGES ACCESSOIRE SEIN. SOMIT BESETZT KLEIDUNG BEIDE EXTREME DER WERTESKALA VON WAREN – DIE, DIE ÜBERLEBENSWICHTIG SIND, UND SOLCHE, AUF DIE MAN DURCHAUS VERZICHTEN KANN.

KÖRPERBEDECKUNG UND SCHMUCK

In den Ländern Afrikas, in denen sich die Wax-Stoffe seit Anfang des 20. Jahrhunderts etabliert haben, erfüllten sie von Anfang an sowohl eine bedeckende als auch eine schmückende Funktion. Vor allem in ländlichen Gegenden dienten die Stoffe zunächst vornehmlich dem Zweck, die Nacktheit des Körpers zu verbergen. Denn die Missionierung Afrikas hatte nicht nur die Verbreitung der Religion zum Ziel, sondern auch die Einführung bestimmter Verhaltensregeln, die die alten Strukturen abschaffen sollten. Im Zuge dessen wurde Nacktheit nicht mehr als schicklich angesehen. Vor allem in den Städten wurden die Wax-Stoffe von den örtlichen Schneidern zu Kleidungsstücken verarbeitet,

Aufmacherseite: Wax-Motiv, bestehend aus verschiedenen bekannten Motiven. Design © Vlisco B. V.
Oben: Mutter und Tochter tragen anlässlich der Voodoo-Feierlichkeiten von Cotonou ein Wax-Ensemble mit demselben Motiv, Benin, 2010.

mit denen sich die Frauen schon bald gegenseitig zu übertrumpfen suchten. Etwas länger dauerte es, bis auch die Männerwelt die Wax-Stoffe für sich entdeckte. Neben anderen vor Ort gewebten und gefärbten Textilien – und besonders auch neben der schnell an Beliebtheit zunehmenden westlichen Kleidung – trugen sie die Waxprints als »Complets«. Diese bestanden aus Hemd, Hose und eventuell einem Boubou oder Wickeltuch.

Heute gehören die verschiedenen Bekleidungsarten – vom einfachen Wickeltuch bis hin zum geschneiderten Kleidungsstück mit mehr oder weniger afrikanischem bzw. mehr oder weniger westlichem Charakter – für beide Geschlechter zum Alltag. Sie werden allerorts und zu jeder Gelegenheit getragen.

In anthropologischen Aufsätzen liest man oft, die afrikanischen Frauen seien stärker als Männer in der »Tradition«[1] verhaftet. Als Grund hierfür wird angegeben, dass sie Wickeltücher tragen, die mit »Afrikanizität« in Verbindung gebracht werden.[2] Die Männer hingegen, so wird behauptet, sind empfänglicher für neuartige Kleidungsstile. In Bezug auf Kleidungsstücke, die vor Ort geschneidert, gewebt oder gefärbt werden, ist dies sicherlich der Fall. In Bezug auf Waxprints entspricht dies jedoch nur insofern der Wahrheit, als Wickeltücher nicht zur traditionellen Bekleidung europäischer Frauen gehören und auch die Farben und Motive dieser Stoffe – zumindest ursprünglich – nicht dem westlichen Geschmack entsprechen.

Ohnehin ist es fragwürdig, vom »afrikanischen Charakter« eines Produkts, eines Kleidungsstücks, eines Tanzes oder eines Rituals zu sprechen. Schließlich ist Afrika ein Kontinent, der sich aus zahlreichen verschiedenen Ländern zusammensetzt. Und diese wiederum werden von Tausenden Völkern mit unterschiedlichen Kulturen und Sprachen bewohnt. Betrachtet man den Kontinent von Nord nach Süd, gibt es nur wenige Volksgruppen mit identischen Gepflogenheiten oder Verhaltensweisen, auch wenn sich bisweilen Ähnlichkeiten finden lassen. Waxprint-Stoffe, die nicht ursprünglich afrikanisch sind und zum Großteil aus Europa stammen, repräsentieren jedoch tatsächlich eine Art von »Afrikanizität« oder zumindest eine Form des idealtypisch Afrikanischen. Denn sie sind in allen Regionen südlich der Sahara verbreitet. Ihr Design ist zwar vom Bekleidungsstil der Bevölkerung der westafrikanischen Küste beeinflusst. Allerdings haben sich die Designer und Hersteller an klischeehaften Vorstellungen einer afrikani-

Ein junger Guro-Mann in einem Waxprint-Hemd in Tibeita, Elfenbeinküste, 2009.

Würdenträger bei einer Voodoo-Zeremonie für die Gottheit Sakpata in der Nähe von Ouidah, Benin, 2010.

schen Homogenität orientiert. So gelang es ihnen schließlich, dem Kontinent mit den Wax-Stoffen eine gemeinsame Identität zu verleihen, die dieser durch die massenhafte Verbreitung der Stoffe auch selbst annahm. Und die Bevölkerung adaptierte die Motive im Hinblick auf Ereignisse, Persönlichkeiten und Rituale der jeweiligen Region. Dies erfüllte die Textilien mit einer neuen Bedeutung, die im Einklang mit ihrem jeweiligen geografischen Milieu stand.

> **»Eine afrikanische Tradition an sich gibt es nicht. Vielmehr gibt es ›flottierende Signifikanten‹, die mithilfe der Rückaneignung durch die Afrikaner zu ›lokalen Signifikaten‹ wurden. Zudem äußert sich die örtliche Identität oftmals durch die Verwendung von Gegenständen, die der jeweiligen Kultur eigentlich fremd sind. Aus diesem Grund ist es unmöglich, zu definieren, was afrikanisch ist und was nicht. Afrika ist ein ›flottierender Signifikant‹, der sich ebenso von Afrikanern wie von Nichtafrikanern aneignen lässt – ganz unabhängig von der jeweiligen Hautfarbe.«[3]**

Vor dem Hintergrund ihrer Wandlungsfähigkeit lässt sich die Art und Weise betrachten, wie Wax-Stoffe in verschiedenen Ländern Afrikas verwendet werden. Das einfachste Kleidungsstück, das sich aus den typischen 2 Yards langen Stoffbahnen herstellen lässt, ist das Wickeltuch, denn es ist quasi unmittelbar gebrauchsfertig. Man kauft es auf dem Markt oder bei einem fahrenden Händler und bindet es ohne weitere Verarbeitung oder Hilfsmittel – entweder um die Taille oder auf Achselhöhe[4] – um den Körper. Hiermit beginnt ein Prozess, der ein einfaches Stück Stoff in ein elegantes Kleidungsstück verwandelt: Es wird mit Sorgfalt geknotet, die Stoffenden werden gewissenhaft vorne oder hinten am Körper drapiert und das Tuch wird geschickt wieder aufgeknotet, zurechtgerückt und neu drapiert. Wichtig ist auch die Wahl der richtigen Breite, die – beispielsweise beim Tanzen – die nötige Bewegungsfreiheit gewährleistet. All diese Details können Hinweise auf den Status und die Lebenssituation der Trägerin geben. Zudem gibt es verschiedene Möglichkeiten, das Tuch mit einem Kopftuch, einer Bluse oder einem weiteren Wickeltuch zu kombinieren, das z. B. als Kindertragetuch dient. Die verschiedenen Tücher und Kleidungsstücke können entweder aus demselben Stoff oder aus anderen

Eine junge Frau mit einem Wax-Wickeltuch, Kinshasa, Demokratische Republik Kongo, 2004.

Ohne Titel, Seydou Keïta, Mali, 1952–1955.

Stoffen gefertigt sein. Besonders einfallsreich ist es, eine der Ecken des Kleidungsstücks so zu verknoten, dass auf diese Weise eine kleine Geldbörse entsteht, die für Einkäufe auf dem Markt verwendet wird. Derartige Details können je nach Region variieren und unterliegen zudem den Launen der Mode. So können gerade Kopftücher sehr unterschiedliche und originelle Formen annehmen. Und schließlich sind auch die gedruckten Motive von großer Bedeutung, denn sie können den Betrachtern bestimmte Botschaften vermitteln. Auf diesen wesentlichen Aspekt der Bekleidung soll jedoch später noch näher eingegangen werden.

Zusätzlich zur Funktion als Kleidungsstück dient das Wickeltuch in den Dörfern oft auch als Decke oder Bettlaken. Morgens trägt man es unter den Achseln zusammengeknotet, um eine der rudimentär ausgestatteten Freiluftduschen aufzusuchen, die oft nur aus einer runden Palisade aus Zweigen oder einer kleinen Mauer bestehen. Der bunte im Wind flatternde Stoff weist dabei auf die Anwesenheit seiner Besitzerin hin und sorgt so dafür, dass beim Duschen ihre Intimität gewahrt bleibt. Zudem wird das Tuch verwendet, um Waren oder Lebensmittel zu verpacken. So wickeln die Frauen die Töpfe mit gekochten Speisen für den Transport in ein Tuch ein, das den Deckel auf dem Topf befestigt. Beim Essen kann das Tuch dann als Tischtuch verwendet werden. Und auch Babys werden von ihren Müttern darin eingewickelt oder getragen.

Seine Multifunktionalität macht das Wickeltuch in Afrika zu einem allgegenwärtigen Bestandteil des ländlichen und städtischen Lebens. Es ist überall dort zu finden, wo sich Menschen niedergelassen haben und ihren alltäglichen Beschäftigungen nachgehen.

Boot der Tofinu mit Segeln aus Wax-Stoff auf dem Nokouhé-See im »afrikanischen Venedig«, Ganvié, Benin, 21. Jahrhundert.

Ein Guro-Baby in den Armen seiner Großmutter. Es ist in ein Wax-Tuch gewickelt und sein Gesicht ist mit weißer Kaolinfarbe bedeckt, die den Neugeborenen Schutz bieten soll, Region Zuenoula, Elfenbeinküste, 2009.

WAX-STOFFE IM RITUELLEN BEREICH

Auch die Sphäre ritueller Praktiken haben Wax-Stoffe erobert – genauer gesagt: Sie haben sie nie verlassen. Denn während der Zeremonien von animistischen Kulten sind westliche Kleidungsstücke im Allgemeinen nicht zugelassen. Auch hieran lässt sich erkennen, dass die bedruckten Stoffe nicht als »westlich« gelten, obwohl sie in Europa hergestellt werden.

Waxprints haben die afrikanische Identität so weit durchdrungen, dass sie auch in Bereichen, in denen strenge rituelle Vorschriften gelten, nicht als unangemessen empfunden werden.

Allerdings hängen diese Bekleidungsvorschriften auch davon ab, wie streng das jeweilige zeremonielle Protokoll ist und welche Personen es ausführen. In Extremfällen ist ausschließlich die ursprüngliche Bekleidung der jeweiligen Bevölkerung zulässig. Hierbei handelt es sich jedoch eher um Ausnahmen. Meist ist eine Mischung verschiedener lokaler Moden zu beobachten, was Wax-Stoffe mit einschließt. Zu solchen Feierlichkeiten gehören z. B. Trauerzeremonien, Hochzeiten, Taufen und andere zeitlich nicht festgelegte Feste. Weniger strenge Vorschriften gelten oft auch für Zuschauer großer Feierlichkeiten, selbst wenn – wie etwa bei Initiationen – die direkt an der Zeremonie Beteiligten in ortstypischer Tracht erscheinen müssen.

Da es sich um ein äußerst komplexes Themenfeld handelt, ist es unmöglich, hierbei eine für den gesamten Kontinent geltende Aussage zu treffen. Dennoch lässt sich allgemein feststellen, dass Wax-Stoffe in zahlreichen Ländern in Subsahara-Afrika nachhaltig mit den örtlichen Traditionen verknüpft wurden. So kann man beispielsweise auf Begräbnissen häufig beobachten, dass die Anwesenden ein Wax-Motiv wählen, das ihre Zugehörigkeit zu einer bestimmten Familie ausdrückt.

Nahe Verwandte des Verstorbenen haben einen in verschiedenen Stufen ablaufenden Prozess der Zurückgezogenheit zu durchlaufen. Die trauernden Frauen bedecken ihre Haut mit weißem Kaolinpulver und dürfen sich für eine genau festgelegte Zeit nicht waschen, kämmen oder wie gewöhnlich kleiden. Während dieser Zeit hüllen sie sich häufig als öffentliches Zeichen der Trauer in vernachlässigte Kleidung.

Große Zeremonien sind mit einem beträchtlichen finanziellen Aufwand verbunden. Neben Nahrungsmitteln und Gegenständen trifft dies auch auf Kleidung zu. Daher spielt die entsprechende Bekleidung bei Festen wie Trauerfeiern, Geburten, Hochzeiten oder Initiationen eine große Rolle. Zudem ist es sowohl unter den Ausrichtern als auch unter den Gästen üblich, anlässlich besonderer Feierlichkeiten den eigenen Wohlstand zur Schau zu stellen und großzügige Geschenke zu verteilen. Besonders gern und daher entsprechend häufig wird dies durch

Frauen bei einem Begräbnis in Kamerun, 2015.

Textilien gezeigt. Vor allem Waxprint-Stoffe sind, wenn es sich um recht teure »echte holländische« Stoffe handelt, beliebte Geschenke.

Waxprint-Stoffe gehören auch bei Hochzeiten stets zu den Geschenken, die ein Mann der Familie seiner zukünftigen Ehefrau macht. Die Stoffe erhalten dadurch eine Bedeutung, die weit über den finanziellen Wert ihres Kaufpreises im Laden, auf dem Markt oder bei fahrenden Händlern hinausgeht.

In bestimmten Regionen werden Wax-Stoffe in zeremoniellen Zusammenhängen auch in Verbindung mit Masken getragen, die Naturgeister oder mythische Personen verkörpern.[5]

All diese Beispiele bestätigen, wie sehr Waxprints in Afrika die Sphäre des alltäglichen Lebens erobert haben, ohne dass dabei ihre ausländische Herkunft der örtlichen Akzeptanz im Weg steht. Im Gegenteil verleiht diese Herkunft den Wax-Stoffen einen zusätzlichen Wert, der für Qualität und Prestige steht.[6] Die Stoffe werden ähnlich wahrgenommen, als würde man sich mit der Bitte um ein Heilmittel an eine benachbarte Volksgruppe wenden: Allein schon seine fremde Herkunft lässt das entsprechende Mittel als besonders wirksam erscheinen. So ist auch Wax einerseits fremdartig genug, um mit besonderen Eigenschaften aufgeladen zu sein, andererseits jedoch heimisch und vertraut genug, um nicht als gefährlich abgelehnt zu werden. Damit haben die Waxprints seit ihrer Einführung in Afrika eine außergewöhnliche Entwicklung erfahren. Seit sie die afrikanische Gesellschaft erobert haben, wurden sie dort auf eine Weise angenommen, dass man sich heute kaum mehr vorstellen kann, sie mit Westeuropa in Verbindung zu bringen.

Eine Frau kniet während einer Voodoo-Zeremonie für die Gottheit Sakpata in der Nähe von Ouidah neben einer Opferziege, Benin, 2010.

Angehöriger der Guro mit einer *Flali*-Maske im Dorf Goafla, Elfenbeinküste. Sammlung des Königlichen Museums von Zentralafrika, 2009.

Linke Seite: Würdenträger bei einer Voodoo-Zeremonie für die Gottheit Sakpata in der Nähe von Ouidah, Benin, 2010.
Oben: Trauernde Guro-Frauen, eingerieben mit Kaolin und in vernachlässigter Kleidung als Zeichen der Trauer, Region Zuenoula, Elfenbeinküste, 1999.

DIE BEDEUTUNG DER MOTIVE

Die industriell hergestellten Wax-Textilien haben sich in zahlreichen Ländern Afrikas so sehr etabliert, dass sie sozusagen eine eigene afrikanische Identität angenommen haben. Die verschiedenen Motive lassen eine genauere geografische oder auch »ethnische« Zuordnung zu.[7]

Verlässt beispielsweise ein bestimmtes Design die Vlisco-Fabrik in Helmond, ist es lediglich mit einer Inventarnummer versehen. Bei seiner Ankunft in Afrika erhält es jedoch einen Namen, der auf eine bestimmte Gelegenheit oder eine bestimmte Persönlichkeit Bezug nimmt. Daher kann die Bezeichnung je nach Region unterschiedlich ausfallen.[8] Bei direkt in Afrika hergestellten Stoffen hingegen produzieren die Manufakturen regelmäßig Stoffe, die im Rahmen besonderer Ereignisse in Auftrag gegeben werden. Dadurch erhalten diese Stoffe eine spezielle mit dem jeweiligen Herstellungsland verbundene Bedeutung, die auch von den Käufern entsprechend wahrgenommen wird:

> »Je nach Erhältlichkeit macht das bewusste Zurschaustellen eines Kleidungsstücks dieses zu einem wirkungsvollen Mittel der Informationsverbreitung.«[9]

So kann beispielsweise der Besuch eines Staatsmanns oder einer anderen bedeutenden Persönlichkeit zum Namensgeber für einen bestimmten Waxprint-Stoff werden, der zeitgleich auf dem Markt erscheint. Ein weiterer Anlass für die Namensgebung eines Motivs kann ein denkwürdiges Ereignis innerhalb einer Familie oder eines Stammes sein. Zudem können Bevölkerungsgruppen einen bestimmten Stoff als Zeichen der Gruppenzugehörigkeit für sich beanspruchen – wie etwa bei den Igbo-Frauen in Nigeria. Die Gründe für die Namensgebung eines Stoffes sind daher vielfältig und können individuell, sozial, politisch oder religiös motiviert sein.

Bei Vlisco in Helmond ist man sich dieser Form der Aneignung bewusst und begrüßt sie sogar, da sie die Stoffe aufwertet und zum Erfolg der jeweiligen Produkte beiträgt. Im Allgemeinen tritt der Hersteller bei diesem Prozesse nicht in Erscheinung.[10] Doch es gibt auch Ausnahmen: So erschien beispielsweise anlässlich des 170-jährigen Firmenjubiläums von Vlisco ein Motiv, das das Fabrikgebäude des Unternehmens zeigt. Zudem fanden zu diesem Anlass in mehreren afrikanischen Ländern Modeschauen statt, zu denen zahlreiche Designer eingeladen wurden. Daneben profitieren derartige Veranstaltungen auch von der neuen Begeisterung des Westens für diese bedruckten »afrikanischen« Textilien.

Inzwischen liegen Wax-Stoffe voll im Trend und Modeschöpfer, die damit entsprechende Modelle entwerfen, erfahren eine hohe Wertschätzung. Die einzelnen Motivbezeichnungen waren anfangs kaum bekannt und wurden auch entsprechend selten erwähnt. Die jeweiligen Textilien erschienen somit als ein anonymes Produkt. Heute hingegen werden die Motive und ihre Schöpfer in entsprechenden Buchveröffentlichungen und Ausstellungen explizit erwähnt. Bei diesen Gelegenheiten werden die verschiedenen Motive sogar meist inklusive Angaben zu Herstellungsdatum und Designer vorgestellt. So präsentierte beispielsweise die Ausstellung »Vlisco 1:1 Un à Un« im Gemeindemuseum von Helmond[11] vom 20. September 2016 bis zum 18. März 2017 eine Reihe verschiedener Designs. Ausgewählt von den Designern des Unternehmens sowie weiterer namhafter Gestalter und Künstler, wurden diese Entwürfe unter ausdrücklicher Nennung ihrer jeweiligen Urheber gezeigt.

Wax-Motiv, entworfen zur 170-Jahr-Feier von Vlisco, mit der Abbildung der Textilfabrik in Helmond.
Design © Vlisco B. V.

Motive aus der Politik

Stoffe mit Abbildungen von Persönlichkeiten aus der Politik werden sowohl als geschneidertes Kleidungsstück als auch als Wickeltücher getragen. Diese Stoffe werden in der Regel mittels eines mechanischen Druckverfahrens hergestellt, das nicht der Waxprint-Technik entspricht. Das Abbild des jeweiligen Politikers wird meist anhand einer Fotografie reproduziert. Manchmal werden diese Stoffe auch als Kombination aus Waxprint und gedrucktem Bild hergestellt, noch häufiger jedoch handelt es sich hierbei um Waxprint-Imitationen.

Die Personen oder politischen Parteien, zu deren Ehren die Textilien hergestellt werden, stehen meist in Bezug zu denjenigen afrikanischen Ländern, in denen sie auf den Markt kommen. Auch hierbei handelt es sich um einen bemerkenswerten Widerspruch, der mit der Geschichte des Kontinents verwoben ist: Die Stoffe drücken Respekt und Bewunderung für die Herrscher der Länder aus, deren Grenzen einst vom Westen willkürlich festgelegt wurden. Meist bildeten diese Länder ursprünglich weder kulturell noch ethnisch eine Einheit. Aus einer Vergangenheit heraus, die unauslöschlich vom Kolonialismus geprägt ist, mussten sie sich erst eine eigene Zukunft und eine gemeinsame Zusammengehörigkeit aufbauen.[12]

»Nachdem sie erfolgreich für die Unabhängigkeit gekämpft hatten, befanden sich die neuen Regierungsoberhäupter auf einmal selbst in einer schwierigen Lage. In einer Welt widerstreitender Interessen und geheimer Absprachen mussten sie ein neues, komplexes Staatsgebilde regieren. Die in diesen

Fancy-Print mit der Abbildung von Hamani Diori, Präsident von Niger zwischen 1960 und 1974, und John F. Kennedy, Präsident der Vereinigten Staaten von Amerika von 1961 bis 1963. Archiv der Fabrik Utex Africa, Kinshasa, Demokratische Republik Kongo, 2004.

Ländern getragenen Kleidungsstücke – mit ihren jeweils eigenen Farben und Symbolen – spiegeln die Suche nach dieser neuen nationalen Identität wider. Zugleich sind sie Ausdruck des Stolzes auf die neuen Staatsführer, die die Gouverneure der Kolonialzeit abgelöst haben.«[13]

Abbildungen politischer Persönlichkeiten und die Begeisterung für Staatsoberhäupter können allerdings auch durchaus zweideutig sein. Sind sie als Ausdruck der Erwartung und der Hoffnung auf die Verwirklichung einer nationalen Einheit zu verstehen? Sind sie Zeichen der Unterwerfung unter eine örtliche Autorität? Oder vermitteln sie vielmehr die Ironie einer neuen Abhängigkeit? Bekanntermaßen haben zahlreiche Diktatoren, Präsidenten auf Lebenszeit und andere selbst ernannte Alleinherrscher die Bevölkerung auf diese Weise zu Fahnenträgern ihrer eigenen Selbstgefälligkeit und Maßlosigkeit gemacht.[14] Beispiele hierfür sind Herrscher wie Mobutu, Eyadema, Bongo, Bokassa und einige mehr. Unbestreitbar steht dem die charismatische Ausstrahlung einiger dieser Regierungschefs entgegen, aufgrund derer ihre Anhänger ihr Porträt als Zeichen der Treue und Verbundenheit tragen.

Und dann gibt es noch diejenigen, die derlei Symbole tragen, ohne damit zwangsläufig eine politische Botschaft verbreiten zu wollen. Sie haben das Kleidungsstück – manchmal von einem Politiker oder seiner Partei[15] – als Geschenk erhalten und ihre finanzielle Situation erlaubt ihnen nicht den Luxus, sich gemäß ihrer eigentlichen politischen Einstellung zu kleiden.[16] Bei Wahlen[17] oder politischen Versammlungen verwandeln sich die Menschen durch Stoffe, die einer Uniform gleichen, buchstäblich und freiwillig in lebende Propagandatafeln.[18] Textilien werden auf diese Weise zu einem wirksamen Mittel, die eigene politische Zugehörigkeit oder Meinung auszudrücken. Sie dienen jedoch auch dazu, politisch zu überzeugen oder neue Anhänger für eine bestimmte Partei zu gewinnen.

Es gibt aber auch Stoffe mit Motiven, die erst im Nachhinein mit einer politischen Bedeutung verbunden wurden. So wurde ein Stoffmotiv beispielsweise nach dem Militärputsch unter der Führung von General Gueï 1999 in der Elfenbeinküste mit der Bezeichnung »Besen des Gueï« versehen. Denn seine Anhänger sahen darin ein Symbol der Erneuerung, die der Staatsstreich bewirken sollte.[19] Zwar trugen viele Menschen den Stoff aufgrund dieser besonderen Bedeutungszuweisung. Doch diese war vermutlich auch nicht jedem geläufig. Und sicher trugen ihn viele auch nur deshalb, weil ihnen Farben und

Eine Frau aus Brazzaville trägt stolz ihr Kleid mit dem Abbild des Präsidenten ihres Landes, Denis Sassou-Nguesso, Brazzaville, Republik Kongo, 2004.

UFPDG
EL HADJ OMAR BONGO ONDIMBA
GRAND CAMARADE PRÉSIDENT FONDATEUR
P.D.G.
DIALOGUE TOLERANCE PAIX

UNITI
PROGREDIEMUR
UNION
TRAVAIL
JUSTICE
CONSTI-TUTION
P.D.G.
S.E. ALBERT BERNARD BONGO
SECRETAIRE GENERAL DU P.D.G.
PRESIDENT DE LA REPUBLIQUE GABONAISE

Design des Stoffes zusagten. Die Verbindung des Besenmotivs mit der Idee, das Land zu säubern und an seine Bürger zurückzugeben, hatte zudem nicht lange Bestand. Und so wurde der Stoff auch dann noch gekauft, als bereits Laurent Gbagbo zum Präsidenten gewählt worden war. Ab diesem Zeitpunkt erhielt das Motiv eine andere Bedeutung. Statt mit einem Bezug auf das Militär sah man es von nun an eher als einen Aufruf an die Bürger, ihre Versprechen einzuhalten – was bei Gueï selbst nicht der Fall gewesen war.[20]

Teilweise wurden auch bereits bekannte, teils sogar sehr alte Motive neu überarbeitet und zum Gedenken an bestimmte Ereignisse oder zum Zweck der politischen Propaganda umgedeutet. Dies war beispielsweise beim berühmten Motiv »ABC« der Fall, das Anfang des 20. Jahrhunderts von HKM hergestellt und danach von Vlisco wiederaufgenommen wurde. Galt es zunächst noch als Appell zur Förderung der Alphabetisierung und Bildung, wurde es schließlich von Henri Konan Bedie neu produziert, der seinen Parteinamen (RDA-PDCI) an die Stelle der Buchstaben des Alphabets setzte.[21]

Auch Besuche ausländischer Staatschefs dienen häufig als Anlass politischer Textildrucke. Diese ziert dann ein Abbild des Gastes, oftmals in Kombination mit dem Porträt des lokalen Herrschers. Als beispielsweise mit Barack Obama der erste afroamerikanische Präsident der USA an die Macht kam, war auch sein Abbild auf zahlreichen Wickeltüchern und geschneiderten Kleidungsstücken zu finden. So groß waren der Stolz und die Freude über seine Wahl auf dem gesamten afrikanischen Kontinent. Einige Motive werden jedoch auch willkürlich mit Persönlichkeiten aus der Politik verbunden, wie etwa die Motive »Handtasche von Michelle Obama« oder »Schuhe von Michelle Obama«.

Vorhergehende Doppelseite: Fancy-Print mit der Abbildung von Omar Bongo, von 1967 bis 2009 Präsident von Gabun. Links: Das Motiv zeigt den Namen und das Symbol seiner Partei UFPDG, Gabun, 2000. Rechts: Das Löwenmotiv symbolisiert Souveränität und Macht, Gabun, 1970.
Oben: Afrikareise des französischen Präsidenten Georges Pompidou, hier bei seinem Besuch der Republik Gabun. Präsident Omar Bongo (rechts) und Georges Pompidou werden auf Sänften durch die jubelnde Menge getragen, 1971.

Religiöse Bedeutung

Im Bereich der Religion steht man vor denselben Widersprüchen wie in der Welt der Politik. Die meisten Wickeltücher mit religiöser Thematik zeigen Personen oder Motive der Religionen, die der Bevölkerung im Rahmen der Missionierung während der Kolonialzeit aufgezwungen wurden. Viele stehen dabei im Zusammenhang mit dem Christentum und seinen neuen Kirchen. Diese werden oft von Geistlichen geführt, die die Massen begeistern. Hierbei sind Bilder von Päpsten und anderen Klerikern oder Predigern ebenso vertreten wie bekannte christliche Symbole wie etwa die Jungfrau Maria, Christi Geburt, die Kreuzigung oder das Osterlamm.

Auch im religiösen Bereich sind die Stoffe nur selten mit der authentischen Waxprint-Technik hergestellt. Denn meist handelt es sich hierbei um Fotodrucke oder Bilder aus christlichen Büchern. Die entsprechenden Fancy-Prints sind meist nur auf einer Seite bedruckt. Oft imitieren sie jedoch Waxprints, etwa indem sie die bei dieser Technik typischen Craquelé-Effekte nachahmen oder indem die Motive nicht immer exakt angeordnet werden. In diesem Sinn lassen sie sich unter die Bezeichnung »afrikanische Drucke« einordnen und werden in der Regel als Wax bezeichnet. Viele dieser Stoffe stammen aus afrikanischer Produktion.

Ähnlich wie bei den Wickeltüchern aus dem politischen Themenspektrum werden auch im religiösen Bereich bereits bekannte Wax-Motive uminterpretiert und nehmen dabei eine Bedeutung im Sinne der christlichen Lehre an. Ein Beispiel hierfür ist die »Treppe«, deren Stufen es auf dem Weg zu Gott zu erklimmen gilt.

Die teils große Religiosität und tiefe Gläubigkeit der Bevölkerung kann angesichts einer Religion, die unter Gewalt, Rücksichtslosigkeit und Verneinung der Werte der heimischen Kulte verbreitet wurde, nur erstaunen. Dies ist sicher auch ein Grund, warum die evangelikalen Kirchen, die aus dem Protestantismus hervorgegangen sind, heute in Afrika so großen Anklang finden. Denn sie erlauben – und fördern – eine größere Ausdrucksfreiheit. Da ein wesentlicher Bestandteil ihres Glaubens die Heilung von Kranken ist, bieten sie zudem verschiedenen Formen der Verschmelzung mit anderen religiösen Systemen einen fruchtbaren Boden.[22] Sie sehen sich als Gegenentwurf zu den »traditionellen« rituellen Bräuchen. Doch in der Praxis wurden sie oftmals auf Grundlage der alten Riten und Bräuche einfach neu interpretiert.[23] Charismatische Prediger mit ihrer übertriebenen Selbstdarstellung und ihrem luxuriösen Lebensstil ziehen zahlreiche Anhänger an. Denn sie bieten all jenen, die darauf hoffen, dass sich ihr Leben jederzeit auf wundersame Weise verändern könnte, ein

Eine Gruppe gläubiger Katholiken in einer Kirche, Lomé, Togo, 2010.

Gefühl von Bestätigung. Der mit den Predigern verbundene Starkult gilt oft als Zeichen von Modernität. Zugleich sind damit bestimmte Verhaltensregeln verbunden, die auf die äußere Erscheinung und auf das öffentliche Auftreten der Gemeindemitglieder ausgerichtet sind. So werden die afrikanischen Pfingstler- und fundamentalistischen Kirchen zu Stätten, an denen man stets gut gekleidet, elegant und gepflegt erscheint. Hierbei sind Wickeltücher und Waxprints in allen erdenklichen Ausführungen zu sehen.

> **In Nigeria erschien 1998 anlässlich des Todes des berühmten und vermögenden Pastors Idahosa ein Zeitungsartikel mit dem Titel »Modewettbewerb der Pastoren beim Begräbnis von Idahosa«. Vermutlich war dies eine Anspielung auf den »höchst ambivalenten öffentlichen Status der Geistlichen, die jede Woche Schlagzeilen machen. Und dies nicht immer zum Ruhme Gottes, sondern eher wegen diverser Geld- und Sexskandale oder Glaubensabspaltungen und internen Streitigkeiten«[24].**

Genau diese Geistlichen prangern in ihren Predigten Frauen an, die von ihren Männern Luxusgüter – wie etwa Wax-Stoffe – erwarten. Denn verlangt eine Frau Kleidung, Parfüm, Schmuck und andere Luxusartikel von ihrem Mann, so behaupten sie, treibe ihn dies unweigerlich in die Arme weniger teurer Gespielinnen. Besonders anschaulich zeigt dies das folgende frauenfeindliche Zitat aus einer Predigt in einer protestantischen Kirche im nördlichen Nigeria: »Frauen, ihr könnt euch eure Holland-Stoffe mit AIDS zubinden!«. Auf diese Weise verteufeln die Prediger die Vorliebe der Frauen für teure Stoffe wie die echten holländischen Wax-Stoffe, die für ihre Qualität und ihren hohen Preis bekannt sind, und machen damit die Frauen für die außerehelichen Beziehungen ihrer Männer und damit auch für die Übertragung von AIDS[25] verantwortlich.

Die Begeisterung für »unabhängige« Kulte, die in Subsahara-Afrika weitverbreitet sind, ist seit den 1980er-Jahren noch weiter gestiegen. Paradoxerweise ist gerade die Armut der lokalen Bevölkerung ein besonderer Antrieb für Festlichkeiten und Feiern, bei denen das Geld mit vollen Händen ausgegeben wird, teils auch für Luxusprodukte aus dem Westen. So sind beispielsweise die beiden Kongo-Staaten (Demokratische Republik Kongo und Republik Kongo) für die soziale Bewegung der *Sapeurs* bekannt. Diese geht auf den französischen Begriff *Sapes* zurück. Hierbei handelt es sich um ein umgangssprachliches Wort für »Kleidung« (in der deutschen Entsprechung »Klamotten«), das, vor allem im Plural, in der ersten Hälfte des 20. Jahrhunderts in das französische Vokabular Einzug hielt. Im kongolesischen Französisch wird es im Singular verwendet und wurde zum Akronym der »Société des Ambianceurs et des Personnes Élégantes« (»Gesellschaft der Unterhalter und eleganten Personen«). Die *Sapeurs* sind Männer, deren Lebensinhalt es ist, immer und unter allen Umständen gut gekleidet zu sein – und zwar ausschließlich mit Markenkleidung. Für diese kostspielige Lebensweise geben sie all ihre Ersparnisse aus. Dies geht sogar zulasten von Bedürfnissen wie etwa Wohnen oder Nahrung. Dadurch entspricht diese Bewegung einer geradezu abergläubischen Verneinung der Probleme, die die Armut mit sich bringt. So als habe das demonstrative Zurschaustellen von Luxus die Macht, den Traum von einem besseren Leben zu erfüllen. Die Bewegung, die sich aus der kolonialen Begegnung

zwischen Europäern und Kongolesen (Anfang des 20. Jahrhunderts) heraus entwickelt hat, erhält weiteren Auftrieb über ihre Verbindung mit der Musik. Zu ihren herausragenden Vertretern gehörte beispielsweise Papa Wemba[26]. Die *Sapeurs* betrachten ihre Bewegung als einen Lebensstil, sogar als eine Art Religion. In ihr äußern sich die Suche nach der eigenen Identität und der Wunsch nach gesellschaftlichem Aufstieg entsprechend einem aus dem Westen stammenden Modell. Oft sind ihre Anhänger, auch *Mikilistes*[27] genannt, Rückkehrer aus Paris oder Brüssel, die nach Brazzaville oder Kinshasa zurückkommen. Dabei sehen sie sich als Verkörperung einer neuen Identität, einer » geträumten Reinkarnation des eigenen Selbst«[28]. Einige *Sapeurs* haben es zu Berühmtheit gebracht. Manche werden von Boutiquen gesponsert, beeinflussen die örtliche Modeszene und leben von Auftritten, die mit ihrer Kleidung in Verbindung stehen. Viele sind auf – mehr oder weniger legale – Geschäfte angewiesen, um das nötige Geld für ihre kostspielige Leidenschaft aufbringen zu können.[29]

Wie andere hochwertige Kleidung wird auch die *Sape* oftmals in Gotteshäusern zur Schau getragen. Denn man fühlt sich verpflichtet, »sauber vor Gott« zu erscheinen, und schließlich präsentieren sich auch die Prediger selbst in Anzügen berühmter Modeschöpfer.[30]

In der Welt der *Sapeurs* sind Wax-Stoffe allerdings nicht wirklich angekommen. Vermutlich liegt dies daran, dass die Bewegung stark vom Westen beeinflusst ist. Die als afrikanisch empfundenen Wax-Stoffe passen daher nicht in die Philosophie der *Sapeurs*. Da jedoch Waxprints inzwischen auch von berühmten Designern verarbeitet werden, ist es möglich, dass sich ihre Wahrnehmung innerhalb der Bewegung in Zukunft verändern wird.

Severin Mouyengo, alias »Le Salopard«, vor dem Eingang seines Hauses, in dem er mit seiner Familie lebt, Hector Mediavilla, Brazzaville, Republik Kongo, 2006.

Gesellschaftliches Leben

Neben politischen oder religiösen Motiven finden sich auf Wax-Stoffen auch Tausende von Motiven aus dem alltäglichen Leben. Oft werden die entsprechenden Motive und ihre Bedeutungen von westlichen Stoffdesignern bestimmt, die sich ihre Inspiration aus afrikanischen Formen und Bildern holen. Aber auch afrikanische Designer, die in den örtlichen Fabriken arbeiten – ob in europäischer, asiatischer oder einheimischer Hand –, entwickeln eigene Wax-Motive mit einer jeweils eigenen Bedeutung. Diese Motive können aber auch von afrikanischen Modeschöpfern stammen, die im Ausland leben und nur zeitlich begrenzt für ein bestimmtes Designprojekt engagiert werden. Häufiger prägen Händlerinnen oder Kundinnen vor Ort die Bezeichnungen bestimmter Motive und weisen ihnen Bedeutungen zu, weshalb die Namen der Motive von Region zu Region bzw. von Land zu Land variieren können.

In dieser im Wesentlichen weiblich geprägten Sphäre nehmen Motive aus dem Ehe- und Liebesleben einen großen Raum ein. Obwohl auch Männer Wax-Stoffe tragen und herstellen, sind es in erster Linie die Frauen, die sie kaufen und schätzen. Sie sind es deswegen auch, die Verknüpfungen und Verbindungen zwischen den jeweiligen unterschiedlichen Designs und bestimmten Situationen des städtischen oder ländlichen Lebens herstellen.

Durch die Wahl der Motive werden die Wickeltücher zu Hinweisen auf eine bestimmte familiäre Situation. In dieser Funktion erinnern sie an die berühmten Deckel der Woyo[31], mit denen die Frauen die Behältnisse zudeckten, in denen sie die von ihnen gekochten Speisen servierten.[32] Die runden Holzdeckel waren mit einem Relief aus geschnitzten Elementen verziert. Diese spielten auf Sprichwörter oder Redensarten an, mit denen die Frauen beispielsweise auf ein Problem innerhalb der Familie hinweisen konnten, ohne es dabei laut und öffentlich auszusprechen. Jedes Element kann hierbei eine eigenständige Bedeutung haben, und alle Motive lassen viel Raum für Interpretationen. So hängen diese z. B. auch von den Umständen ab, unter denen sie präsentiert werden. Denn »der Zusammenhang zwischen verbalen und visuellen Formen erzeugt ein komplexes Kommunikationsereignis«[33].

Die Interpretation der auf den Wickeltüchern abgebildeten Motive und Symbole ist anspruchsvoll und abhängig von verschiedenen Faktoren. Hierzu bedarf es zahlreicher Informationen über die private oder gar intime Situation der jeweiligen Trägerin. Zudem ist die Botschaft abhängig von den jeweiligen Umständen, der Anwesenheit bestimmter Personen oder dem Ort, an dem das Tuch getragen wird. So benötigt man ein umfangreiches Hintergrundwissen, um sicher sein zu können, dass man die Aussage der Kleidung richtig versteht. Die Textilien und ihre Motive werden zu einem wichtigen Mittel im Rahmen einer »zwischenmenschlichen Kommunikation, die so mehrdeutig ist, dass sie die Anwesenden vor jeder sozialen Konsequenz schützt«[34]. Selbst wenn Wax-Designs im Westen kreiert und produziert wurden, erhalten sie in der afrikanischen Alltagskultur oft eine zusätzliche Interpretationsebene. Kurz: Sie erhalten einen Sinn und eine Aussage, die ursprünglich vielleicht gar nicht beabsichtigt waren. Manchmal werden die Motive sogar vollständig von der ursprünglich vorgesehenen Bedeutung gelöst, die sie bei ihrer Konzeption hatten.

Wird bestimmten Waxprints im Alltag eine solche neue Bedeutung zugewiesen, kann es vorkommen, dass sie schnell großen Erfolg haben. Der Erfolg kann auch darin begründet sein, dass sie zu einem entscheidenden Zeitpunkt des politischen, wirtschaftlichen oder sozialen Lebens in den Handel kommen und damit unmittelbar verknüpft werden. Sie verweisen auf eine »lokale Bilderwelt, in der Macht, Geld und Sex einen großen Raum einnehmen[35]«.

Aussagekräftige Motive, die das eheliche Leben thematisieren, tragen Namen wie z. B.:

– »Du gehst aus, ich gehe aus«. Dies steht dafür, dass sich ein Partner bei Seitensprüngen darauf einstellen muss, dass der andere es ihm gleichtut.

– »Das Auge meiner Rivalin«, im Kongo (RDC) auch bekannt unter der Lingala-Bezeichnung *Liso ya pite*[36] (»Das Auge der Hure«).

– »Mein Mann ist fähig«. Der Name verweist auf die Fähigkeit des Gatten, seine Frau zu versorgen und ihr alles zu bieten, was sie braucht (u. a. Wickeltücher). Er kann aber auch auf seine sexuelle Potenz anspielen. Das Motiv ist unter diesem Namen vor allem im Kongo und in der Elfenbeinküste bekannt. Da es sich hierbei um ein Design in Form eines Mundes handelt, hat es in verschiedenen Regionen auch andere Namen wie etwa »Küsschen«, »Chin Chin«, »Lipstick, »Lips« etc.

– »Dein Fuß, mein Fuß« symbolisiert die Frau in den Fußstapfen ihres Mannes und steht für die feste Bindung des Paares.

Wax-Motiv »Die Familie«, auch unter dem Namen »Mein Mann ist unfähig« bekannt, Design © Vlisco B. V.

Wax-Motiv »Du gehst aus, ich gehe aus«, Design © Vlisco B. V.

Eine Verkäuferin auf dem Markt von Lomé trägt ihr Baby in einem Wickeltuch auf dem Rücken. Das Motiv hat den Namen »Das Auge meiner Rivalin«, Togo, 2010.

– Das Motiv »Die Familie« zeigt eine Gruppe von Hühnern und Küken. Die Darstellung des Hahns ist auf den Kopf reduziert, womit angedeutet wird, dass es die Frauen sind, die für Einheit, Wohlergehen und Gesundheit der Familie sorgen.[37] Daher wird es manchmal auch als »Mein Mann ist unfähig« bezeichnet.
– Das Motiv »Ich renne schneller als meine Rivalin« stellt ein sich aufbäumendes Pferd dar. In der Elfenbeinküste wird es als Motiv der Eifersucht interpretiert. In Nigeria wird es besonders von den Igbo[38]-Frauen geschätzt.
– Das Motiv »Eifersucht« zeigt zwei Vögel und erinnert an Konflikte in polygamen Ehen.[39]
– Das Motiv »Kinder sind mehr wert als Geld« ist ein Ausdruck von Zwietracht in polygamen Familien. Es steht dafür, dass es einer Nebenfrau nicht gelingt, Kinder zu bekommen, oder dass sie in der Familie als Letzte hinzugekommen ist und ihrem Ehemann noch keine Nachkommen geschenkt hat.[40]

Die Kommunikation mittels derartiger Bilder ist »gleichzeitig Spiel und Herausforderung«[41]. Man wagt das Überbringen einer Botschaft, die man nicht mündlich ausdrücken möchte, besonders prägnant ist dabei jedoch die spielerische und humoristische Dimension.

In bestimmten Völkern ordnen die Frauen spezielle Designs ohne erkennbaren motivischen Zusammenhang bestimmten Sprichwörtern zu. Dies ist beispielsweise bei den Agni[42] der Elfenbeinküste der Fall, die einen bestimmten Stoff mit »Rivalität unter Nebenfrauen« bezeichnen. Damit spielen sie auf ein berühmtes Sprichwort an: »Die Rivalität zwischen Nebenfrauen ist wie ein Kuhfladen.« Die Fortsetzung des Sprichworts, die damit verbunden ist, lautet: »An der Oberfläche ist er trocken, aber in der Mitte ist er klebrig.« Das bedeutet, dass eine polygame Familie, von außen betrachtet, im Gleichgewicht erscheinen mag, im Inneren aber voller Zwistigkeiten steckt. Das Motiv selbst lässt eine solche Interpretation jedoch in keiner Weise erahnen.[43]

»Bei den Agni der östlichen Elfenbeinküste sind Sprichwörter ein wichtiger Bestandteil der Kunst der öffentlichen Rede. Diese Redensarten werden sowohl gesprochen als auch getrommelt. Sie sind fest mit dem Leben der Agni verbunden und können auch Tiere, Schmuckstücke, Frisuren oder Kleidungsstücke bezeichnen.«[44]

Auch ohne direkten Bezug zur Verwandtschaft sprechen bestimmte Designs Thematiken des gesellschaftlichen Lebens an. Ein Beispiel hierfür ist das Motiv »Die Hand und die Finger«, oft auch »Einigkeit macht stark« genannt. Designer und Produktionsjahr dieses Stoffes sind heute nicht mehr bekannt. An den äußeren Rändern sieht man Reihen einzelner Finger und in der Mitte Handflächen, auf denen Münzen liegen. Gemeint ist damit, dass die einzelnen Finger ohne die ganze Hand nichts ausrichten können. Diese hingegen ist sehr wohl zu etwas nutze, vor allem dazu, mit Geld umzugehen. Im übertragenen Sinne bedeutet dies: Damit etwas gelingt, ist es besser zusammenzuarbeiten.[45] Allerdings können das Motiv und seine Interpretation auch auf das Eheleben bezogen werden. Auch hier lässt erst die Kenntnis der Umstände, unter denen eine Person dieses Motiv auswählt und trägt, die richtige Schlussfolgerung zu.

Viele Designs stehen für Modernität, technischen Fortschritt und die Vorstellung von Erfolg. Dies folgt der Logik des Konsums und dem Wunsch, Güter aus dem Westen oder solche zu erwerben, die den Westen symbolisieren. Sie können beispielsweise mit bestimmten Persönlichkeiten verbunden sein wie etwa »Die Handtasche (oder die Schuhe) von Michelle Obama«. Aber meistens bilden sie eher Gegenstände des alltäglichen Lebens ab, die allgemein begehrt sind. Da man sie nicht besitzt, stellt man sie auf Tüchern zur Schau. Somit erfüllen sie eine performative Funktion. Das heißt, die Abbildung soll zur Verwirklichung dieser Wünsche beitragen oder die nötigen Bedingungen schaffen, damit sich der Erwerb verwirklichen lässt. So zeigen die berühmtesten Dekors mechani-

Eine Frauenrechtlerin stellt ihre Botschaft mit ihrer Kleidung zur Schau, Demokratische Republik Kongo, 2015.

sche und elektrische Geräte aller Art wie z. B. Grammophone, Schreibmaschinen, Radios, Fernseher, Handys, Ventilatoren oder Computer. Derartige Motive müssen nicht zwangsläufig andere Namen tragen als diejenigen, die einem beim Betrachten sofort einfallen.

Auch Fortbewegungsmittel wie Motorräder, Autos, Busse, Züge und Flugzeuge sind beliebte Motive – ebenso wie Tiere, Blumen, Bäume bzw. städtische oder ländliche Szenen.

Daneben gibt es eine weitere Kategorie von Motiven. Sie sollen zu bestimmten Verhaltensweisen im Sinne von Gesundheit, Hygiene, Ernährung oder Bildung anregen. Hierzu gehört das berühmte »ABC«, eine der ältesten Grafiken, die auf die Haarlem Cotton Company (HKM)[46] zurückgeht und als ein Appell für Alphabetisierung und Schulbildung zu verstehen ist.

Das Motiv »Miriam Makeba«, auch »Angelina« oder »Addis Abeba« genannt, ist ein weiteres Beispiel für ein altes Design, das bereits viele verschiedene Interpretationen erfahren hat. Besonders im Kongo wird es mit der Sängerin Miriam Makeba assoziiert. Den Namen »Angelina« erhielt es in den 1970er-Jahren in Ghana. Er bezieht sich auf das gleichnamige Lied der Band Sweet Talks[47]. Erst kürzlich hat es in der Republik Kongo (Kongo-Brazzaville) und der Demokratischen Republik Kongo (RDC oder Kongo-Kinshasa) einen weiteren Namen erhalten: »Ya Mado – Mascara«, nach einem Hit von Fabregas Le Métis Noir. Denn im Videoclip zu dem Lied, das in den Jahren 2014 und 2015 Furore machte, waren Tänzer zu sehen, die diesen Stoff trugen.[48] Hierbei handelt es sich um ein indonesisch beeinflusstes Design[49], allerdings inspiriert von den Stickereien auf den Tuniken äthiopischer Frauen Ende des 19. Jahrhunderts.[50] Seit den 1960er-Jahren hat dieser Stoff auch unter den Afroamerikanern in den Vereinigten Staaten Bekanntheit erlangt, die ihn »Dashiki« getauft haben.[51] Dieses Beispiel zeigt einmal mehr, wie lebendig der Prozess der Namensgebung ist, der sich jeder starren Festlegung verweigert.

Auch Sportbegeisterung wird oftmals über Kleidungsstücke ausgedrückt. So gibt es auch Wax-Stoffe, deren Designs und Aufschriften ihren Träger als Fan einer bestimmten Fußballmannschaft kennzeichnen. Ebenso findet die Leidenschaft für bestimmte Fernsehserien oftmals in der Namensgebung für Wax-Stoffe ihren Ausdruck. Dies beweist auch, dass Frauen, die diese Stoffe tragen, sich für Mode engagieren und sie beeinflussen wollen.[52]

Viele Gesellschaften, auf die wir hier eingehen, hatten – und haben in manchen Fällen auch heute noch – eine mündliche Tradition, die dem gesprochenen Wort einen besonderen Wert und manchmal sogar eine besondere Macht zuschreibt.[53] Allerdings hat sich mit der Einführung von Produkten aus fremden Kul-

Oben: Wax-Motiv »Landfrauen von Kamerun«. In den Kreisen unten ist zu lesen: »Fleißige Frauen, Symbole von Mut, Ehrgeiz und Ausdauer«, Kamerun, 1997.
Rechte Seite: Wax-Motiv »Table Fan« oder »Ventilator«, kreiert von Theo Maas für die Firma Vlisco, 1985. Design © Vlisco B. V.

turen und dem Globalisierungsprozess das Kommunikationspotenzial von Wax-Motiven deutlich abgeschwächt. Die Ausdrucksform hat eine gewisse Banalität angenommen, teilweise ist sie auch völlig verschwunden. Am oben genannten Beispiel der Agni der Elfenbeinküste wird deutlich, wie emotional die Botschaften sein können, die sich mithilfe von Wickeltüchern ausdrücken lassen. Ein Beispiel für das Abgleiten ins Banale hingegen bieten die Akwapim[54] aus dem Königreich Akropong im Südosten Ghanas. Ursprünglich hatte auch hier die Namensgebung mit Sprichwörtern die Funktion, tragische Ereignisse zu verarbeiten und ihrer zu gedenken. Diese Namen, die so die Funktion von »Erinnerungsstätten«[55] übernahmen, bezeichneten oft Personen. Auch Wax-Textilien wurden in diesen Erinnerungsprozess miteinbezogen.

»Die Namensgebung hat hierbei die Funktion einer Erinnerung an die Vergangenheit. Da die Folgen von Ereignissen wie persönliche Katastrophen, gewaltsame Todesfälle oder politische Turbulenzen in die Gegenwart nachwirken, müssen sie angesprochen werden. Verbale und visuelle Strategien, die die emotionale Wirkung intensivieren, aber nur in Anspielungen bestehen, schaffen Zugang zu diesen Erinnerungen. Formalisiert, wiederholt, erinnern diese Strategien an Ereignisse, die weder verleugnet noch verdrängt werden können – so als sei es unmöglich oder unmoralisch, dies zu tun. Sie müssen gleichzeitig vergessen und erinnert werden.«[56]

So haben die Akwapim die Wax-Kleidung in ein ausgefeiltes Kommunikationssystem integriert. Einige ältere Menschen in Akropong trugen noch in den 1970er-Jahren einen Namen, der mit der Erinnerung an frühere traumatische Ereignisse verbunden war. Die jüngere Generation hingegen zeigt keinerlei Neigung, die Vergangenheit mit diesen Codes zu verknüpfen oder »in dieser stylisierten und indirekten Weise mit Konflikten umzugehen«[57]. Übrig blieben Waxprints, deren Motive mit Namen oder Sprichwörtern verknüpft waren, die Trauer und Bitterkeit ausdrückten. Beispiele hierfür sind etwa »Der Mensch ist ein undankbares Wesen«, »Mit der Geduld kommt der Sieg« oder »Der Hass kennt kein Heilmittel«. Dies war jedoch nicht mehr die einzige Lesart. Stattdessen begann man, sie mit mehr Distanz zu betrachten. Inzwischen trägt man zwar immer noch Waxprints, doch die Aussage, den die Stoffe früher einmal hatten, ist meist in Vergessenheit geraten. Stattdessen hat europäische Second-Hand-Kleidung inzwischen das tägliche Leben erobert.[58] Eine 2012 von einer ghanaischen Universität veröffentlichte Studie[59] bestätigte die Tendenz, dass die symbolische Bedeutung der Motive inzwischen mehr und mehr zurückgedrängt wird. Die junge Generation interessiert sich vor allem für die ästhetische Qualität der Wax-Stoffe.[60]

Wickeltücher, die rituelle Objekte abbilden, werden heute in der Regel von afrikanischen Firmen für den westlichen Markt hergestellt. Da dieser auf Exotik ausgerichtet ist, werden Stoffe mit Abbildungen von Kaurimuscheln, Trommeln, Masken oder Sitzmöbeln für Häuptlinge gefertigt. Sie werden im Senegal, in Ghana, Nigeria oder der Elfenbeinküste für eine westliche Klientel produziert, die nach »authentischen« afrikanischen Textilien sucht.[61] In diesem Spiel der Kulturen hat eben jeder seine eigene Sehnsucht nach dem jeweils »anderen«. Meist handelt es sich dabei jedoch um eine stereotype Sichtweise.

DER HANDEL MIT WAX-STOFFEN

Ohne die jahrelange Werbung der heimischen Stoffhändlerinnen hätten Waxprints niemals so viel öffentliche Aufmerksamkeit erlangen können, wie sie es heute tun. Die Händlerinnen sondierten die Vorlieben der Kunden in Bezug auf Motive und Farbwahl und gaben ihre Beobachtungen an die Designer und Hersteller weiter. Zwar waren an diesem Prozess auch Männer beteiligt. Doch das Geschäft mit Waxprints wurde vor allem durch die Aktivitäten kaufkräftiger, unternehmerisch denkender Frauen wie der »Nanas Benz«[62] in Togo betrieben. Ihren Spitznamen verdanken sie der Tatsache, dass ihr wirtschaftlicher Erfolg ihnen den Luxus ermöglichte, sich teure Autos – allen voran der Marke Mercedes – zu leisten. Diese in Berufsverbänden organisierten Frauen genossen aufgrund ihres Einflusses auf die nationale Wirtschaft großen Respekt. In den 1980er-Jahren waren sie Mittelsleute für die europäischen Textilgesellschaften. Manchen gelang es sogar, sich das Monopol auf bestimmte Motive zu sichern.[63] Diese Frauen und andere Händlerinnen aus West- und Zentralafrika bzw. Afrikanerinnen, die heute in Europa leben, waren ausschlaggebend für den Erfolg der holländischen Marke Vlisco.

Inzwischen hat sich ihr Einfluss jedoch deutlich gemindert. Dies ist zum Teil der asiatischen Konkurrenz auf dem Wax-Markt zuzuschreiben. Dennoch sind auch einige afrikanische Händlerinnen mittlerweile auf diesen Zug aufgesprungen und bieten ihren Kundinnen Wickeltücher aus Fernost zu günstigen Preisen an. In Togo sind es oft jüngere Frauen, die »Nanettes«[64], die zum Handel mit Stoffen aus asiatischer Produktion übergegangen sind. Hierbei handelt es sich teils um Originale, teils um ausgewiesene Kopien, zum Teil aber auch um Imitationen oder Fälschungen. Die »Nanas Benz« jedoch sind der holländischen Marke treu geblieben, der sie ihr Vermögen verdanken. Ihre Kundschaft ist aufgrund der hohen Preise für die luxuriösen Stoffe inzwischen allerdings stark zurückgegangen.

Bei der Frage der Echtheit geht es nicht nur um eine rechtliche Definition – so sind beispielsweise die verschiedenen Vlisco-Motive durch das Urheberrecht geschützt. Doch in vielen Fällen, wie etwa beim bereits erwähnten Motiv »Angelina«, sind die Motive stark von indonesischen und afrikanischen Designs beeinflusst. Deshalb stellt sich hier die grundsätzliche Frage, ob es sich nicht vielmehr um eine Abfolge von Repliken handelt. Seit den Anfängen der Mechanisierung der Herstellung haben wir es schließlich mit der be-

Fulani-Frauen, Mali, 21. Jahrhundert.

Ein Stand mit Schleiern vor der Moschee von Djenne. Eine Kundin trägt eine Bluse mit dem Motiv »Das Auge meiner Rivalin«, Mali, 21. Jahrhundert.

wussten und ausgewiesenen Nachahmung indonesischer Motive zu tun. Die Designer – ob aus Holland, England oder der Schweiz – haben sich jedoch bald schon von dieser Inspirationsquelle entfernt. Sie hatten den afrikanischen Markt im Visier und versuchten, Designs mit einem direkten Bezug zum afrikanischen Kontinent zu entwerfen. Dies ist ihnen auch geglückt. Besonders Vlisco hat dabei einen bemerkenswerten Grad an technischer Raffinesse erreicht und die Designerteams des Herstellers haben Motivserien kreiert, die großes Aufsehen erregt haben. Diese Leistungen durch das Recht am geistigen Eigentum zu schützen, ist gewiss nicht unangebracht und entspricht zudem einer allgemeinen Tendenz. Anfangs diente die Mechanisierung der Färbetechnik noch dazu, die Arbeitsmethode zu beschleunigen und Handelsmöglichkeiten in Indonesien zu eröffnen. Indonesien schützte jedoch den eigenen Markt. Die Länder der westafrikanischen Küste – zunächst Ghana, Benin und Togo – nahmen diese Produkte jedoch mit Begeisterung auf. Dieselben Länder, allen voran Togo, haben jedoch inzwischen auch die finanziell attraktiven Handelsmöglichkeiten mit Asien für sich entdeckt.[65] Dies ist durchaus legitim. Zumal gerade auf afrikanischer Seite dem Begriff der Echtheit oder Authentizität keine allzu große Bedeutung beigemessen wird. Schließlich sieht sich die Kundschaft durch die günstige Ware in die Lage versetzt, sich in der Öffentlichkeit in einem Outfit zu präsentieren, das Prestige verspricht. Problematisch wird es dagegen, wenn derartige Stoffe mit dem Ziel, den Käufer zu täuschen, als »echte« holländische Waxprints ausgegeben werden. Selbst die Waxprints aus China und dem restlichen Asien werden inzwischen kopiert, sodass die asiatischen Hersteller Opfer ihres eigenen Erfolgs geworden sind. Mit diesem Problem hat beispielsweise der chinesische Hersteller Hitarget zu kämpfen.[66] Dabei wird auch eine gut gemachte »Kopie« zum begehrten Objekt, das wiederum nachgeahmt wird.

> **»Sie [die Kopie] ist in dem Sinne produktiv, dass sie das Interesse der Nachahmung weckt. Insofern erhält auch sie einen gewissen Marktwert.«[67]**

In Togo ist es gang und gäbe, den Saum der Stoffe, der mit dem Aufdruck »echtes holländisches Wax« oder einer anderen Herkunftsbezeichnung versehen ist, durch Umnähen zu verbergen. Anders verhält es sich in den benachbarten afrikanischen Staaten, wo der Stoffrand auch nach der Verarbeitung oft bewusst sichtbar bleibt.[68] Hierbei handelt es sich um eine bestimmte Vorstellung von Authentizität: Den Käuferinnen geht es weniger darum, zu demonstrieren, dass es sich bei ihrer Kleidung um einen echten Vlisco-Stoff handelt. Vielmehr legen sie Wert darauf, neuartige, tadellose und ansprechende Kleidung zu tragen. Nach wie vor ist die Qualität der Stoffe ein wesentliches Kaufkriterium. Allerdings achten die Kundinnen beim Kauf eher auf Farbe, Textur und Reißfestigkeit als auf Etiketten und Aufdrucke. Zumal auch diese nicht hundertprozentig verlässlich sind, da auch sie sich kopieren lassen.[69]

Was jedoch auch heute noch Bestand hat, ist die in der afrikanischen Bevölkerung verbreitete Vorliebe, verschiedene Vlisco-Modelle als Wertanlage zu sammeln. Denn diese Stoffe, die heute für viele afrikanische Haushalte nicht mehr erschwinglich sind, haben nach wie vor einen sicheren Vermögenswert – etwa als Mitgift bei Hochzeiten, als Erbschaft oder zur Vermögensbildung. So lässt man sich möglichst viele dieser Stoffe schenken und bewahrt sie auf, ohne sie zu tragen. Dieses Vorgehen lässt sich mit einer Gemäldesammlung vergleichen. In Europa hingegen lässt sich häufig eine Diversifizierung der Produkte innerhalb ein und desselben Geschäfts beobachten, in dem Kopien und Originale oft nebeneinander angeboten werden. Da der Markt in Afrika zunehmend kleiner wird, versuchen Unternehmen wie Vlisco, auf dem europäischen Markt einen größeren Kundenkreis zu erreichen. Doch auch dort ist die Nachfrage rückläufig. Den Unternehmen gelingt es nur sehr schwer, die »afrikanischen« Drucke in der westlichen Welt zu etablieren. Zwar ist das Interesse der Kunden für die Produkte von Vlisco sicherlich vorhanden, doch dies allein ermöglicht dem Unternehmen aus Helmond noch lange keinen ausreichenden wirtschaftlichen Erfolg.

In den westeuropäischen Städten, in denen man afrikanische Produkte kaufen kann, etwa in dem Viertel Goutte d'Or[70] im 18. Arrondissement von Paris oder in Matonge[71] in Brüssel, bieten die Geschäfte, die Wickeltücher verkaufen, hauptschächlich Waren aus Asien – aus China, aber auch aus Thailand oder Indien – an. Kein Geschäft verzichtet jedoch vollständig auf die Waxprints von Vlisco. Denn diese gelten nach wie vor als qualitativ unangefochtener Standard. Daher dienen sie auch als Vergleich für die Beurteilung von Qualität bzw. Originaltreue einer Kopie. Die entsprechenden Läden verkaufen auch Stoffe aus afrikanischer Produktion, doch wie bereits geschildert, werden diese hauptsächlich unter der Leitung chinesischer Unternehmen hergestellt oder sind Filialen von Vlisco. Die einhellige Meinung der Händler lautet, dass die Vlisco-Produkte zu teuer geworden und daher schwer abzusetzen sind. Schließlich kosten sie bis zu zehnmal mehr als andere bedruckte Stoffe. Zwar können die Händler es sich nicht erlauben, sie nicht vorrätig zu haben, doch um Umsatz zu machen, sind sie gezwungen, das Angebot zu variieren. Einige sehen sich, beispielsweise in Thailand, nach neuen Handelsmöglichkeiten um. Über die Fälschungsproblematik machen sie sich ebenso wenig Gedanken wie ihre meist weibliche Kundschaft. Erst wenn den Kundinnen ein Stoff gefällt, beginnen sie ihn genauer zu betrachten und zu berühren und sie stellen sich vor, wie sie ihn tragen. Wenn er dann auch noch erschwinglich ist, gibt es kaum noch einen Grund, der einem Kauf im Weg stehen könnte. Zu den Faktoren, die das Geschäft der Händler beeinträchtigen, gehört auch die restriktive Einwanderungspolitik, die die afrikanischen Kunden daran hindert, sich gleich nach der Ankunft in Europa mit den entsprechenden Waren einzudecken. Einige Händler versuchen, ihre Geschäftstätigkeit deshalb breiter zu streuen, werden zu Großhändlern und verschaffen sich so Zugang zu den Märkten in den afrikanischen Ländern und deren Bürgern.

Auch die wachsende Beliebtheit von Waxprints in der heimischen Modeszene bewerten die europäischen Händler recht unterschiedlich. So sind sich beispielsweise die Händler in Brüssel dieses Trends bewusst und begrüßen ihn auch, doch nur wenige nehmen ihn auch bei ihrer Kundschaft wahr. Einzige Ausnahme bildet der größere Absatz bei Stoffen für Kopftücher, die wie ein Turban gewickelt werden. In Paris hingegen macht sich der neue Trend deutlicher bemerkbar. So bieten die dortigen Boutiquen noch viele weitere Produkte aus Waxprint-Stoffen an – etwa Handtaschen, Schuhe, Gürtel oder Krawatten.

Somit haben sich die Handelstätigkeiten in Brüssel, das lange Zeit eine wichtige Drehscheibe für den Handel mit afrikanischen Stoffen und afrikanischer Kunst war, inzwischen mehr und mehr nach Paris verlagert.

1- Tradition ist zu verstehen als ein System, das die Gepflogenheiten stets überprüft, um sie von innen heraus neu anzupassen. Foucault 1969, S. 31–32.
2- Wickeltücher haben, je nachdem, in welchem Land oder welcher Region man sich befindet, unterschiedliche Bezeichnungen – z. B. *Kanga* oder *Leso* in Ostafrika, *Shweshwe* in Südafrika, *Capulana* in Mosambik, *Lamba hoany* in Madagaskar oder *Wax* im Senegal. Siehe Spring 2012.
3- Amselle 2008, S. 193–194.
4- Wobei es zum guten Ton gehört, beim Saum für einen ordentlichen »letzten Schliff« zu sorgen.
5- Bouttiaux 2013a, S. 127.
6- Prestholdt 2012, S. 87.
7- Stets unter Berücksichtigung des Wandels von der Vorstellung einer Nation, die oftmals willkürlich definiert wurde und vor allem der Machtausübung während der Kolonialzeit bzw. der Zuordnung zu einem bestimmten System diente. Siehe dazu Amselle & M'Bokolo 1999.
8- Siehe auch Bickford 2017, S. 73–77.
9- Bickford 1994, S. 5.
10- Nur die Kollektionen mit einer Serie neuer Motive erhalten einen Namen. Siehe auch Sylvanus 2013, S. 30.
11- Gemeentemuseum Helmond.
12- Bayart & Bertrand 2006, S. 137–138.
13- Faber 2010, S. 10.
14- Bayart 2008, S. 140.
15- Weghorst & Lindberg 2013, S. 721.
16- Siehe dazu auch Bickford 1994, S. 12.
17- Dies war etwa 1990 in der Elfenbeinküste der Fall, Bickford 1994, S. 5.
18- Wie sich regelmäßig in Kamerun beobachten lässt, Folkwang 2015; Röschenthaler 2015, S. 628, 631.
19- Blé 2012, S. 12.
20- Blé *Ibid.*
21- Faber 2010, S. 18; Bickford 1994, S. 13–14.
22- Diese heute oft als »Erweckungskirchen« bezeichneten kirchlichen Organisationen existieren seit Anfang des 19. Jahrhunderts und sind infolge der protestantisch-amerikanischen Missionierung entstanden.
23- Noret 2004, S. 75–76; Marshall-Fratani 2001, S. 30–31. Siehe auch Mudimbe 1988, S. 44–64.
24- Marshall-Fratani 2001, S. 25.
25- Rhine 2009, S. 377–378.
26- Kongolesischer Sänger und Musiker, 1949–2016.
27- Abgeleitet vom Lingala-Wort *Mikili* für »Welten«, als Begriff des Übertritts von einer Welt zur anderen. Dieser Übergang – zwischen Afrika und Europa – ist auch in seiner gesellschaftlichen Form zu verstehen. Ayimpam & Tsambu 2015, S. 120.
28- Gondola 1999, S. 14.
29- Siehe auch Ayimpam & Tsambu 2015; Gondola 1999; Mabanckou 2009.
30- De Boeck 2006, S. 93–94.
31- Bevölkerung der Demokratischen Republik Kongo und Angolas, Untergruppe der Kongo.
32- Diese Deckel spielen auch in anderen gesellschaftlichen Situationen eine Rolle, etwa zur Anbahnung von Hochzeiten. McGuire 1980, S. 54.
33- Ben-Amos 1989, S. 22 unter Bezugnahme auf eine 1976 von Malcolm McLeod entwickelten Theorie.
34- Beck 2004, S. 3; siehe auch Beck 2000 und 2005.
35- De Boeck 2006, S. 94.
36- De Boeck *ibid.*
37- Gerards & Sho 2012, S. 257.
38- Bevölkerung von Südostnigeria, einer Region, die Ende der 1960er-Jahre Zentrum des Biafra-Kriegs war.
39- Domowitz 1992, S. 82–83.
40- Gondola 2003, S. 124.
41- Boni 2008, S. 26.
42- Untergruppe der Akan-Bevölkerung, die vor allem in Ghana beheimatet ist.
43- Domowitz 1992, S. 83.
44- Domowitz 1992, S. 82.
45- Spring 2012, S. 120–121.
46- Bevor sie von Vlisco (damals noch unter dem Namen Van Vlissingen & Co) übernommen wurde.
47- https://www.youtube.com/watch?v=oqamUaKd8d8.
48- Gondola 1997, S. 67; https://www.youtube.com/watch?v=6PndU_FAtYY.
49- Hierbei handelt es sich – aufgrund des starken indonesischen Einflusses – um einen sogenannten Java-Stoff: Die Färbemethode besteht ebenfalls aus ausgesparten Mustern, jedoch nicht mit derselben Technik wie bei Waxprints. Fauque & Wollenweber 1991, S. 55.
50- Spring 2012, S. 16–17.
51- Rabine 2017b, S. 238–247.
52- Sylvanus 2002, S. 139; 2007, S. 210.
53- Bouttiaux 2015, S. 99.
54- Eine weitere Untergruppe der Akan.
55- Gilbert 2010, S. 426.
56- Gilbert *ibid.*
57- Gilbert 2010, S. 436.
58- Gilbert *ibid.*
59- Kwame Nkrumah University of Science and Technology, Kumasi, Ghana. Department of Industrial Art, Faculty of Art.
60- Howard & Sarpong & Amankwah 2012.
61- Rabine 2002, S. 136.
62- Diese Frauen, auch »Mamas Benz« genannt, die zum Großteil der Volksgruppe der Mina angehören, sind dem Beispiel der ghanaischen Händlerinnen gefolgt. Sylvanus 2006, S. 180–181; siehe auch Sylvanus 2017.
63- Cordonnier 1988, S. 230–231. Siehe auch Sylvanus 2009, vor allem zu den Problemen der »Nanas Benz« mit dem Eyadema-Regime.
64- Sylvanus 2006, 2017.
65- Sylvanus 2007, S. 2; 2009; 2012; Siehe auch Bertoncello & Bredeloup 2007, zur Rolle der afrikanischen Vermittler in China.
66- Sylvanus 2017.
67- Seiderer 2010, S. 61.
68- Sylvanus 2017.
69- Sylvanus 2017.
70- Genauer gesagt Château Rouge (vom Namen der nahe gelegenen U-Bahn-Station), das in vielerlei Hinsicht in größerem Maßstab dem Viertel Matonge in Brüssel entspricht und »zu Unrecht einen schlechten Ruf in der Presse bekommen hat« (Bonomelli 2016).
71- Matonge ist ein berühmtes Stadtviertel von Kinshasa. Der Name wird von den Belgiern despektierlich verwendet und bedeutet »kongolesisches Ghetto«. Vor allem findet man hier Produkte aus Afrika (oder zumindest als afrikanisch etikettierte Produkte wie auch Waxprints), afrikanische Restaurants und »Erweckungskirchen«.

Wax-Motiv »Die Handtasche Michelle Obamas«. Design © Vlisco B. V.

Kongolesische Flüchtlinge im Lager Gasorwe, Burundi, 2006.

Oben: Wandmalerei als Werbung für einen Textilmarkt, Brazzaville, Republik Kongo, 2004.
Rechte Seite: Eine Frau aus Abidjan trägt ein Kleid mit dem Porträt Georges Pompidous anlässlich seiner Afrikareise, Elfenbeinküste, 1971.

BARACK OBAMA, DER WELTBERÜHMTE ERSTE AFROAMERIKANISCHE PRÄSIDENT DER VEREINIGTEN STAATEN, WURDE OFTMALS AUF STOFFEN FÜR WICKELTÜCHER ODER GESCHNEIDERTEN KLEIDUNGSSTÜCKEN ABGEBILDET. SO GROSS WAREN STOLZ UND FREUDE ÜBER SEINE WAHL AUF DEM GESAMTEN AFRIKANISCHEN KONTINENT.

BARACK OBAMA
CHANGE
WE CAN
CHANGE
44th PRESIDENT OF THE UNITED STATES
BARACK OBAMA
WE CAN

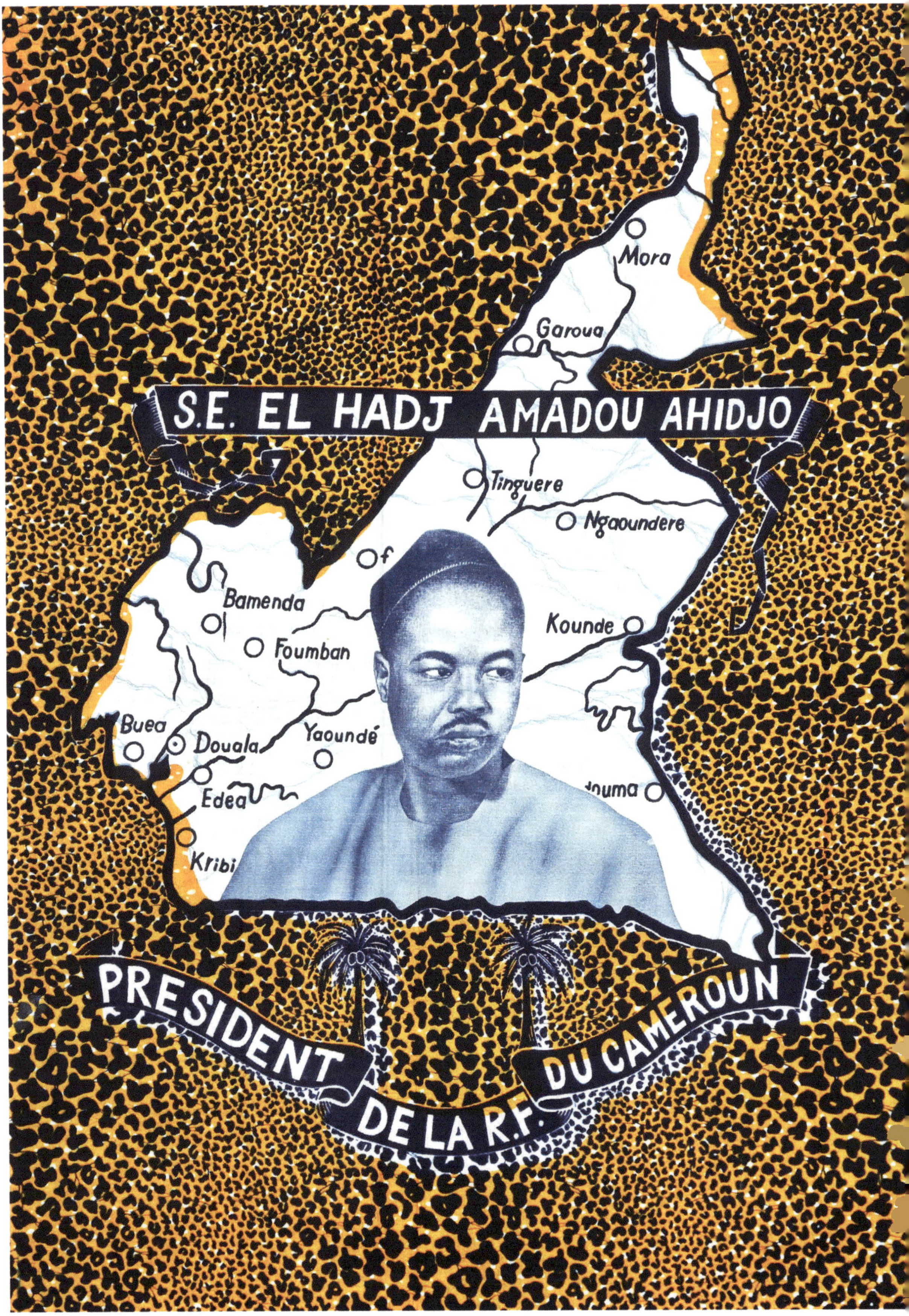
S.E. EL HADJ AMADOU AHIDJO
Mora
Garoua
Tinguere
Ngaoundere
Bamenda
Foumban
Kounde
Buea
Douala
Yaoundé
Edea
Kribi
PRESIDENT
DE LA R.F.
DU CAMEROUN

Baba ALAPINI
IPEKUN OYÉ
"baba ni baba n'jẹ"
1953 – 1976

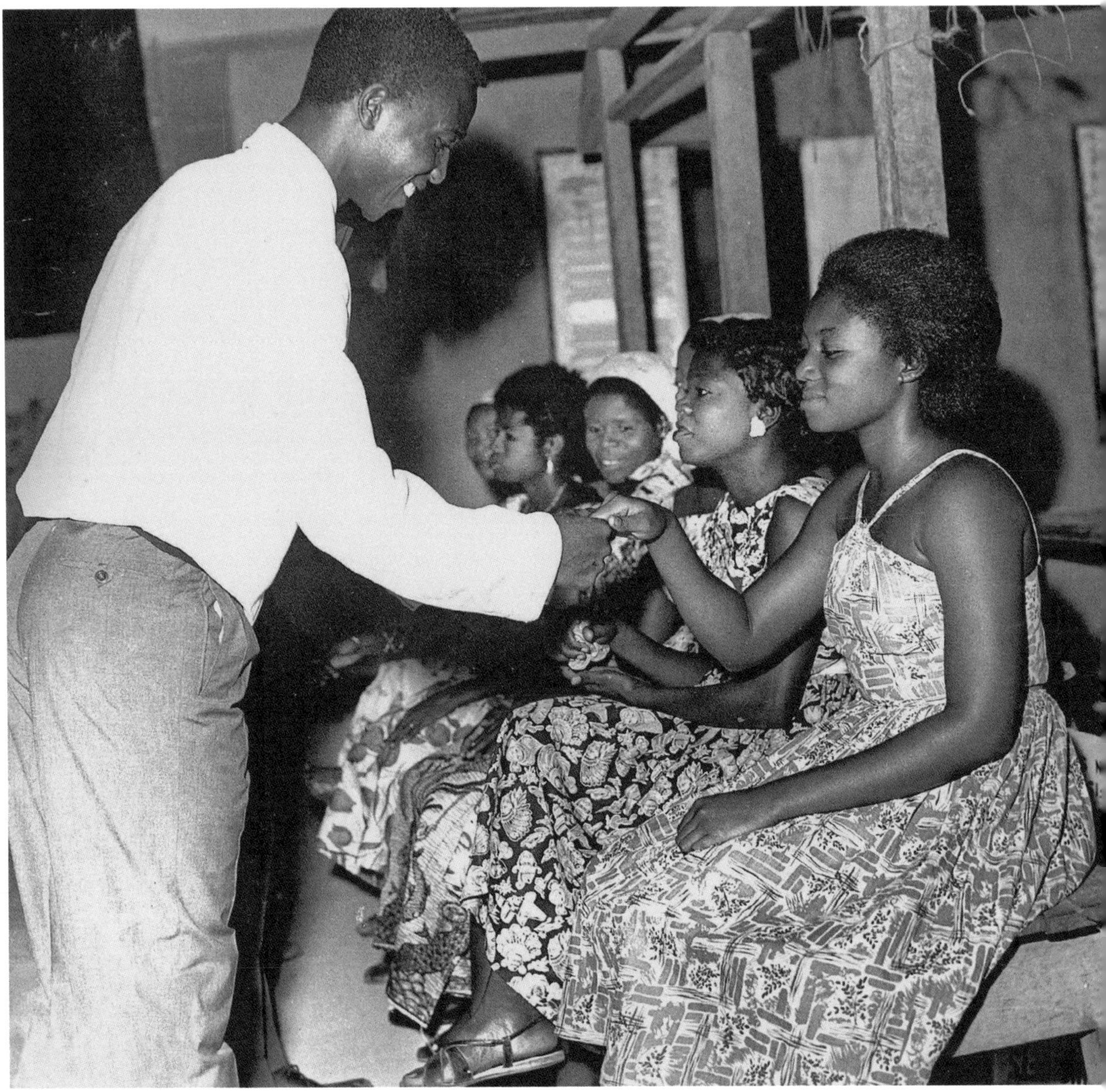

Seite 111: Fancy-Print mit der Abbildung Barack Obamas, Präsident der Vereinigten Staaten von 2009 bis 2017. Der bedruckte Stoff imitiert die charakteristischen Craquelé-Effekte von Waxprints, Mali, 2009.
Vorhergehende Doppelseite: Links: Wickeltuch mit der Abbildung von Ahidjo, zwischen 1960 und 1982 Präsident von Kamerun. Das Motiv des Pantherfells steht symbolisch für einen Häuptling. Kamerun, 1962.
Rechts: Wickeltuch mit der Abbildung eines Würdenträgers der Yoruba aus dem Norden Benins (1953–1976), hergestellt anlässlich seines Todes, Benin, 1976.
Oben: Ball- und Tanzkurs, Ghana, 1961.

Marsch der Unabhängigkeitsbewegung für Freiheit und Gerechtigkeit, Ghana, 1959.

Frauen aus Abidjan tragen Kleider mit dem Porträt Georges Pompidous anlässlich seiner Afrikareise, Elfenbeinküste, 1971.

König Alade Ife, 50. König von Ketu, Benin, 2005.

Würdenträger vor dem Heiligtum der Gottheit Hevioso, Ouidah, Benin, 2010.

Eine Verkäuferin von Wax-Stoffen auf dem Markt, Benin, 21. Jahrhundert.

SAPÉS COMME JAMAIS

KINSHASA NA BRAZZA (GOD BLESS)
LIBREVILLE, ABIDJAN (GOD BLESS)
YAOUNDÉ NA DOUALA (GOD BLESS)
BAMAKO NA DAKAR (GOD BLESS)
DANY SYNTHÉ OH (GOD BLESS)
BEDJIK NA DARCY HÉ (GOD BLESS)
BILOU NA DEM-DEM (GOD BLESS)
DJUNA DJANANA HÉ (GOD BLESS)
SAPÉS COMME JAMAIS (JAMAIS)
SAPÉS COMME JAMAIS (JAMAIS)
SAPÉS COMME JAMAIS (JAMAIS)
SAPÉS COMME JAMAIS
LOULOU' ET 'BOUTIN (BANDO)
LOULOU' ET 'BOUTIN ('BOUTIN NA 'BOUTIN)
COCO NA CHANEL (COCO)
COCO NA CHANEL (COCO CHANEL)

TEXTZEILEN AUS DEM SONG »SAPÉS COMME JAMAIS« DES IN FRANKREICH LEBENDEN KONGOLESISCHEN RAPPERS GANDHI DJUNA ALIAS MAÎTRE GIMS (FEAT. NISKA). DER SONG ERSCHIEN 2015 AUF DEM ALBUM »MON COEUR AVAIT RAISON« UND WURDE ANLÄSSLICH DER FRANZÖSISCHEN MUSIKPREISVERLEIHUNG »VICTOIRES DE LA MUSIQUE« ZUM LIED DES JAHRES 2016 GEKÜRT.

Vorhergehende Seite: Bienvenu Mouzieto vor seiner Haustür, Héctor Mediavilla, Brazzaville, Republik Kongo, 2004.
Oben: Junge Frauen beim Tanz, begleitet von Gesang und Trommeln. Die erste von rechts trägt ein Wickeltuch mit dem Motiv »ABC«, Demokratische Republik Kongo, 2009.

Hello Kitty

WAX
IN DER MODE

MIT SEINEN FANTASIEVOLLEN MOTIVEN UND LEUCHTENDEN FARBEN TRÄGT WAX SELBSTBEWUSST SEINE GESCHICHTE UND SEINE VERBUNDENHEIT MIT AFRIKA ZUR SCHAU. ALS NEUER TRENDSTOFF IN DER INTERNATIONALEN MODEWELT ZEIGT ES SEINE WANDLUNGSFÄHIGKEIT IN DEN HÄNDEN DER DESIGNER.

»WENN DIE ZEITGENÖSSISCHE BILDENDE KUNST AN ANDERE KÜNSTLERISCHE BEREICHE DENKT, BEGEHT SIE OFT DEN FEHLER, SICH FÜR INTELLEKTUELL ÜBERLEGEN ZU HALTEN. DIE MODE ETWA HÄLT SIE FÜR TÖRICHT. UND DENNOCH WIRD SIE NICHT MÜDE, NACH IHR ZU SCHIELEN. EIFERSÜCHTIG BENUTZT SIE SIE – SOWOHL WAS TECHNIKEN ALS AUCH WAS DIE DETAILS ANGEHT. DOCH DIES GESCHIEHT STETS IN DER ABSICHT, DER MODE MEHR TIEFGANG UND SINN ZU VERLEIHEN.«[1]

JENSEITS DER GRENZEN

Für viele Forscher ist Mode bis heute ein Thema, das für einer näheren Betrachtung unwürdig erachtet wird: »Als eine ontologisch und gesellschaftlich untergeordnete Disziplin verdient sie keine weitere Erforschung«[2], so die verbreitete Meinung. Sie wird mit einer gewissen Belanglosigkeit verbunden, bringt »die klassischen Kategorien des Denkens ins Wanken«[3] und wird – ähnlich wie die Boulevardpresse –oftmals gering geschätzt.

Und dennoch muss man feststellen, dass sie niemanden völlig kaltlässt – selbst wenn es nur darum geht, sie abzulehnen. Zumindest hängen von ihr Arbeitsplätze ab, mit ihr lässt sich Gewinn machen und nicht zuletzt ist auch viel Leidenschaft mit der Mode verbunden. In einem Essay[4] versucht Roland Barthes, Mode auf der Bedeutungsebene wie einen Text zu entschlüsseln, wobei er zum Resümee kommt, Mode bedeute »nichts«. Dies heißt aber nicht, dass sie unwichtig wäre, sondern dass ihre Bedeutung das Nichts oder die Leere ist. Demzufolge ist sie frei von Sinn, aber nicht frei von Bedeutung.

Ob Haute Couture oder Prêt-à-porter – Mode folgt stets bestimmten Regeln. Sie will modern sein und sich stetig verändern. Dabei schöpft sie jedoch auch aus der Vergangenheit und erfindet sich immer wieder neu. Sie wendet sich an alle Klassen der Gesellschaft, ist dabei jedoch auch tyrannisch, indem sie Farben oder Trends diktiert.

Die Mode kann eine von Spezialisten entworfene künstliche Kostümierung sein – z. B. in der Haute Couture. Sie kann jedoch auch einfache Kleidungsstücke hervorbringen, die aus verschiedenen Gründen auf gesellschaftlicher Ebene vervielfältigt werden.[5]

Aufmacherseite: Wax-Motiv »Die Treppe«. Design © Vlisco B. V. Ihre religiöse Interpretation symbolisiert die Treppe, die man emporsteigt, um zu Gott zu gelangen.

In allen Gesellschaften gibt es *Fashion Victims* (»Modeopfer«). Sie beugen sich dem Diktat neuer Modelinien, selbst wenn diese nicht immer gelungen sind bzw. diese nicht zur Gestalt des eigenen Körpers passen. Diese Menschen kleiden sich nicht nach den Vorgaben ihres eigenen Körperbaus, sondern vielmehr danach, was gerade *en vogue* ist.[6]

Auch wenn manche in der Mode nur einen Ausdruck westlichen Denkens sehen, lässt sich der vorschreibende, autoritäre Charakter von Mode bereits im vorkolonialen Afrika beobachten. So werden die Kleidungsgewohnheiten der ländlichen Bevölkerungen oftmals als traditionelle Tracht interpretiert, die keinerlei Veränderung unterliegt.[7] Diese Sichtweise einer starren Welt mit unveränderlichen Bräuchen ist einmal mehr das Ergebnis einer Fehleinschätzung der inneren Dynamik der afrikanischen Gesellschaften, die man sich als verhaftet in einer unbestimmten Vergangenheit vorstellt oder gar wünscht.

»Seit Saussure wissen wir, dass die Sprache, ebenso wie die Gewohnheiten, gleichzeitig System und Geschichte ist, individueller Akt und kollektive Institution. Sprache und Gewohnheit sind zu jedem Zeitpunkt der Geschichte vollständige Strukturen, die organisch aus einem funktionalen Netz aus Normen und Formen gebildet sind. Die Transformation oder die Verschiebung eines Elements kann das Gesamte verändern, eine neue Struktur hervorbringen. Man hat es stets mit Gleichgewichten in Bewegung zu tun.«[8]

Die bildende Kunst – und die materielle Kultur im Allgemeinen – bietet uns ein reiches Zeugnis für diese Dynamik und die (nicht westliche) Vorstellung von Mode in Afrika. Statuen und Masken z. B. geben Aufschluss über gängige Haartrachten und zeigen, dass die Vorlieben sich innerhalb ein und derselben Bevölkerung mit der Zeit verändern. Von den jungen Frauen der Chokwe im Kongo und in Angola

Die Pwo-Masken geben Aufschluss über die Unterschiede der Frisurenmoden der Chokwe, Demokratische Republik Kongo. Königliches Museum für Zentralafrika, 1946, 1948.

beispielsweise wissen wir anhand von Pwo-Masken (und einiger historischer Fotos), dass sie schon früh eine ganz bestimmte Haartracht bevorzugten.[9] Ebenso legten sie großen Wert auf Kleidung, Schmuck, Ziernarben und Tätowierungen. Ganz im Gegensatz zu den vorherrschenden Theorien führte also nicht erst der Kontakt mit dem Westen in den afrikanischen Kulturen zu einer Vorstellung von Mode. Aber natürlich ließen Kolonisierung und Missionierung bestimmte Kleidungssitten entstehen, die der Bevölkerung teils auch aufgezwungen wurden. Einige davon wurden direkt angenommen und imitiert. Schließlich sind Kopie und Nachahmung ein fester Bestandteil des modischen Prozesses, wie Georg Simmel es Anfang des 20. Jahrhunderts in einem Essay bewies.[10] Simmel war auch einer der Ersten, der auf die inneren Widersprüche der Mode hinwies: Inmitten eines Gemeinschaftsverbands setzt sie auf Individualität und predigt Freiheit, während sie zugleich vom Zwang profitiert, den sie ausübt.[11] Viele europäische Modetrends wirkten sich – schon seit den ersten Kontakten – auch in Afrika aus, insbesondere da zu den getauschten Gütern auch Tücher und billiger Schmuck gehörten. Diese Produkte, die in Europa kaum einen Wert besaßen, erlangten in Afrika aufgrund ihrer Seltenheit und Besonderheit einen neuen Status.

Die ersten Reisenden, Entdecker und Händler begründeten den Handel mit den Afrikanern somit auf den Austausch von Gütern, die objektiv nicht denselben Wert hatten wie jene, die sie im Gegenzug dafür begehrten. Auf die Bedeutung der Kleidung wies schon der französische Entdecker Pierre Savorgnan de Brazza nach seinen ersten Reisen in den Kongo hin (die Republik Kongo oder nach ihrer Hauptstadt Kongo-Brazzaville, die Savorgnan de Brazza ihren Namen verdankt). Unter anderem bemerkte er auch die Bedeutung derjenigen Kleidung, deren westliche Prägung ihr zusätzliches Prestige verlieh. Zudem erwähnte er auch die Vorliebe der Einheimischen für lebhafte, bunte Farben.[12]

Schon bald – anfangs vor allem in den Städten – tauchten Mischformen der Bekleidung auf. Sie verbanden afrikanische mit westlichen Charakteristika. Die Wax-Stoffe etablierten sich hier in beiderlei Hinsicht – sowohl in Bezug auf die geforderte »Afrikanizität« als auch im Hinblick auf die zur Schau gestellte Faszination für den Westen.

Ein Beispiel ist das in Ghana verbreitete dreiteilige Damenensemble[13] aus Wickeltuch oder Rock, Bluse und Kopftuch, das auch als Tragetuch für Babys oder als Überrock dienen kann. Bekannt ist es unter dem Namen *Kaba,*

Zwei Männer tragen Jacken aus Wax-Stoffen, Demokratische Republik Kongo, 2015.

ein Pidgin[14]-Begriff, der sich auf das englische Wort *Cover* (Bedeckung)[15] zurückführen lässt. Verbunden war dieser Begriff vermutlich mit dem vom Westen auferlegten Zwang, dass Frauen ihre Brüste zu bedecken hatten. Später verlor sich die Begleitvorstellung des schamhaften Verhüllens des Körpers und das Wort bezeichnete nur mehr eine modischen Trends entsprechende Kleidung. In den Jahren der britischen Kolonisation verband man die *Kaba* jedoch vor allem mit Bäuerinnen und Analphabetinnen. »Gebildete« Frauen hingegen trugen eher Kleidung westlichen Stils. Erst der mit der Erlangung der Unabhängigkeit im Jahr 1957 verbundene Nationalstolz führte dazu, dass die *Kaba* wieder dem allgemeinen Geschmack entsprach. Sie wurde als ein Gewand betrachtet, das Ausdruck der nationalen Identität war. An dieser Vorstellung hat sich auch seither nichts geändert.[16]

Von den ersten Kontakten bis heute bestätigen zahlreiche Berichte von Reisen oder Entdeckungsfahrten die ausgeprägte Vorliebe der afrikanischen Bevölkerungen für intensive und kontrastreiche – manchmal abwertend als »schrill« bezeichnete – Farben. Auf dieses Klischee beriefen sich vermutlich auch die Hersteller, die die Waxprints an der Westküste einführten. Dank der Recherchen unter Händlerinnen und Käufern haben sich die Farben und Motive intensiviert, wurden abgewandelt und haben sich entsprechend der örtlichen Vorlieben auseinanderentwickelt. Die allgemeine Begeisterung für bedruckte Stoffe hat sich jedoch schnell auf dem gesamten Kontinent verbreitet.

Straßenszene, Insel Gorée, 2007.

Ansicht eines Gebäudes in Kinshasa, Demokratische Republik Kongo, 1959.

Stewardess der belgischen Fluggesellschaft Sabena bei der Abfertigung von Fluggästen am Flughafen von Kinshasa, Demokratische Republik Kongo, 1959.

BESONDERHEIT UND ORIGINALITÄT

Seit Anfang des 21. Jahrhunderts sind Modeschöpfer immer wieder auf der Suche nach neuen Einflüssen. Dabei wenden sie sich nicht zuletzt auch dem Wax zu. Durch seine Herkunft aus Afrika besitzt dieser Stoff eine durch und durch exotische bzw. ethnische[17] Identität. Solche Phänomene sind in der Welt der Kunst hinlänglich bekannt und wurden häufig beschrieben. Hierzu gehören beispielsweise die westliche Begeisterung für den Primitivismus Anfang des letzten Jahrhunderts, aber auch neue Formen von Plastiken, die von Skulpturen nichteuropäischer Völker – vor allem aus Afrika und Ozeanien – beeinflusst wurden.

Nur ein Jahrhundert später haben afrikanische bzw. afrikanischstämmige Designer nachgezogen und Wax-Stoffe in ihre Kreationen einbezogen.[18] Die Motivationen hierfür sind bisweilen stark unterschiedlich und können sogar völlig gegensätzlich sein. So sind einige Designer überzeugt, sich zulässigerweise bei der Wax-Tradition bedienen zu können, da sie dem kulturellen Vokabular Afrikas und somit ihrem eigenen Kulturerbe angehört. Andere hingegen setzen die Wax-Stoffe in ihren Kreationen sparsam ein. Sie sind sich der Tatsache bewusst, dass es andere Textilien gibt, die eine stärkere afrikanische Prägung besitzen. Daher halten sie Stoffe, deren Herstellung und Techniken voll und ganz dem Repertoire des Kontinents entstammen, grundsätzlich für besser geeignet. Wieder andere werden vom Hersteller Vlisco engagiert und wollen aus Verbundenheit mit dem Unternehmen dazu beitragen, »echte« holländische Waxprints zu fördern. Bei ihrer jeweiligen Interpretation der Motive stellen sie ihr Talent in den Dienst der bekannten Marke aus Helmond.

Zudem lassen sich immer mehr Modeschöpfer von Wax-Motiven inspirieren, um mit ihnen Anklänge an eine Welt des Fremdartigen zu wecken. Hiermit ist eine Faszination verbunden, die Afrika seit jeher auf den Westen ausübt. Sie drückt sich in leuchtenden Farben, ungewöhnlichen und teils gewagten Kombinationen von Farbtönen und Designs aus sowie im Rhythmusgefühl und einer ungezügelten Lebensfreude.

> ***»Ex Africa semper aliquid novi.«***[19]
> **(»Aus Afrika kommt stets etwas Neues.«)**
>
> **Der Verbrauchermarkt der Kulturen, der aus der Globalisierung hervorgegangen ist, wirkt auf die Konsumkultur zurück, indem er die Afrikanizität als eine Quelle der Erneuerung einsetzt und positioniert.**[20]

Es wäre jedoch zu einfach, in der Begeisterung für Waxprints nur einen Ausdruck der Faszination für das Exotische zu sehen. Hierbei handelt es sich allenfalls um Kategorien, die westlichen Modemachern entgegenkommen. Schließlich handeln sie als Beobachter von außen, die sich aus einem »fremden« Vokabular bedienen, um ihr eigenes zu erneuern. Dabei geht es auch um Fragen der »Ethik«, um humanitäres Handeln und – im Idealfall – die Rückgabe von Gewinnen. Diese Ziele verfolgen beispielsweise Projekte von Maison Château Rouge[21] oder der CSAO (Compagnie du Sénégal et de l'Afrique de l'Ouest), um nur zwei zu nennen. Hierbei handelt es sich um Initiativen, die sich für einen fairen, gerechten Handel einsetzen. Afrikaner werden dabei direkt oder indirekt einbezogen, etwa durch die ortsansässigen Händler von Maison Château Rouge.

Initiativen zur Förderung von Herstellung und Handel mit Wax-Stoffen bereichern den Markt um hochwertige Produkte. In diesem

Zusammenhang muss nochmals auf die kommunikative Funktion bestimmter Motive eingegangen werden. Denn die Anziehungskraft der Waxprint-Stoffe auf die westliche Modewelt – ob bei Modeschöpfern oder Konsumenten – geht üblicherweise nicht mit dem Bewusstsein einher, welche Bedeutung sie in den Ländern des afrikanischen Kontinents haben. Dies ist jedoch insofern unproblematisch, als man diese Stoffe auch allein für ihr ästhetisches Potenzial schätzen oder ihnen sogar neue Bedeutungen zuweisen kann, die in Verbindung mit ihren neuen Heimatländern stehen.

Jacke *Patricia* und Rock *Kait* (100 % holländisches Wax) aus der Frühjahrskollektion 2014 von Reuben Reuel, Brooklyn, New York.

Die Modeschöpfer verwenden das Medium Wax, um originelle Kleidungsstücke mit ihrer eigenen Note zu entwerfen. Modelabels mit einem gewissen Qualitätsanspruch stehen für eine Beständigkeit, die der Kundschaft beim Kauf Sicherheit verspricht. Dies gehört jedoch zu den inneren Widersprüchen der Mode. Denn die einzelnen Kollektionen sind einer zeitlichen Begrenzung unterworfen. Sie sind schnell vergänglich und müssen aufeinanderfolgen, ohne sich dabei allzu sehr zu ähneln. Gleichzeitig sind sie jedoch mit einem Markennamen verbunden, der wiedererkennbar sein soll.

Wax-Stoffe haben eine stark ausgeprägte eigene Identität. Die erste große Herausforderung besteht bereits darin, wie man die Motive beim Entwurf eines Modells einsetzt. Die in Afrika oder im Ausland lebenden afrikanischen Modeschöpfer bringen die Designs mit viel Geschick teils sehr präsent zur Geltung. Doch sie sind bei Weitem nicht die Einzigen, die diese Kunst bravourös beherrschen. Andere lassen sich eher von den Motiven mitreißen. Sie setzen auf ihre optische Wirkung, um sie in Kleidungsstücken zu verarbeiten, bei denen die Bemühung um Originalität um jeden Preis im Vordergrund steht. Einige Designer arbeiten eher mit den Farben, die entweder harmonisch kombiniert oder kraftvoll kontrastiert sein können. Wax-Stoffe können jede Art von Form annehmen. Zwar eignen sie sich auch für schnörkellose Schnitte, sie bieten sich aber auch für Kreationen an, die – mehr oder weniger geglückt – Exaltiertheit und Enthusiasmus ausdrücken. Dieses Bild wird oftmals durch die Werbung verstärkt, in der Prominente eine nicht unwesentliche Rolle spielen.

Oben: Nahil und Faïz, De la Sébure, Paris.
Rechte Seite: Kleid *Minnie Bell* (100 % holländisches Wax), Sommerkollektion 2012 von Reuben Reuel, Brooklyn, New York.

DAS TRAGEN VON WAXPRINTS UND DAS VORBILD DER STARS

Durch die Globalisierung hat der Einfluss von Waxprints auf die Modeszene stark zugenommen. Dennoch erlangen Modeschöpfer, die mit Wax-Stoffen arbeiten und meist aus der Welt der Haute Couture kommen, in der breiten Öffentlichkeit oft kaum Beachtung. Diese Form von Mode bleibt, gerade in ihren kreativen Aspekten, generell eher einer privilegierten Gesellschaftsschicht vorbehalten. Daher sind Mittel zur Förderung der Bekanntheit, um ein breiteres Publikum zu erreichen, unabdingbar bzw. zumindest sinnvoll. Hierbei handelt es sich um einen weiteren inneren Widerspruch der Mode: Einerseits ist sie darauf bedacht, ihr elitäres Image aufrechtzuerhalten, andererseits möchte sie jedoch auch alle gesellschaftlichen Schichten durchdringen. Sie alle sollen dem jeweiligen Trend – gemäß dem berühmten Konzept von Bourdieu[22] – ohne Unterschied oder »Distinktion« folgen. Tut man dies mit Stil, bedeutet es, den jeweiligen Trend an die eigene Persönlichkeit anzupassen. Indem man den Trend interpretiert und nötigenfalls auch beeinflusst, demonstriert man, dass man dazu imstande ist, sich von ihm zu lösen.

Der im Lauf der Zeit stattfindende Wertverlust der Mode als Ware fördert ihre Verbreitung, etwa durch Schlussverkäufe oder den Verkauf in Second-Hand-Geschäften. So wird sie auch für die breite Masse zugänglich, was einem Verlust ihrer Macht als Mittel der Distinktion[23] entspricht.

Stars tragen dazu bei, dass sich die Mode im Alltäglichen verankert und eine gewisse Normalität oder Banalität annimmt. Sie sind täglich in der »Regenbogenpresse« zu sehen und dienen als Vermittler, Inspirationsquelle und Vorbilder.

Unter Mitwirkung der jeweiligen Modeschöpfer haben Wax-Stoffe in den letzten Jahren durch prominente Persönlichkeiten, die die Stoffe öffentlichkeitswirksam in den Medien tragen, an Bekanntheit gewonnen. Einige dieser Prominenten – wie etwa die Chefredakteurin der *Vogue*, Lady Gaga oder Gwen Stefani – verfolgten damit die Absicht, einen ebenso attraktiven wie originellen Trend zu kreieren. Für andere Berühmtheiten geht es dabei jedoch auch darum, die eigene Zugehörigkeit zu einer bestimmten Gemeinschaft – genauer gesagt, ihren Stolz auf ihre afrikanische Herkunft – zu demonstrieren. In einigen Fällen unterstützen die Prominenten auf diese Weise auch die Modemacher, die diese Herkunft teilen. So veröffentlichten beispielsweise ver-

Gwen Stefani auf der Mercedes Benz Fashion Week, Frühjahr/Sommer 2011, Vereinigte Staaten.

schiedene Zeitschriften Bilder von Michelle Obama, die zu offiziellen Anlässen »afrikanische« bedruckte Stoffe trug. Ähnliches trifft auch auf bekannte Sängerinnen wie Beyoncé und ihre Schwester Solange Knowles, Rihanna und einige mehr zu. Vermutlich sind sich einige dieser Berühmtheiten nicht der Tatsache bewusst, dass diese »typisch afrikanischen« Stoffe aus einer Fabrik in der kleinen holländischen Stadt Helmond stammen. Sie sind lediglich der Überzeugung, damit ihre »afrikanische Identität« zu unterstreichen. Worauf es dabei ankommt, ist jedoch stets die Vision eines ungeteilten, farbenfrohen Afrikas. Vor allem Afroamerikaner bedienen sich gerne dieses Klischees. Schließlich drückt sich darin die gewaltsame, irreparable Trennung von ihren Herkunftsländern in der mystifizierten, nostalgischen Vorstellung eines »verlorenen Paradieses« aus. Denn aus welchen Ländern sie ursprünglich stammen, lässt sich heute oft nicht mehr exakt zurückverfolgen, wobei viele inzwischen ihre Herkunft mithilfe von DNS-Analysen erforschen lassen. Man ist sich der verlorenen Verbindung bewusst, die einst durch die Gewaltherrschaft der Sklaverei entstand und sich bis heute in Form eines institutionalisierten Rassismus fortsetzt. Dieser äußert sich beispielsweise darin, dass die Tötung von »Schwarzen« (»Blacks«)[24] oftmals nicht strafrechtlich verfolgt wird. Klischees von einer afrikanischen Identität tragen dazu bei, den inneren Konflikt zu verarbeiten, der mit dieser Situation verbunden ist. So beteiligt sich etwa die Sängerin Beyoncé am Protest gegen die Ungerechtigkeit gegenüber Afroamerikanern und betont ihre afrikanische Herkunft durch das Tragen taillierter Wax-Kleidung. Mit dem Titel *Formation* auf ihrem Album *Lemonade* (und dem dazugehörigen Video) drückt sie ihren Stolz auf die Zugehörigkeit zur afroamerikanischen Gemeinschaft aus und positioniert sich damit klar. Dass sie, wie manche meinen, »einen guten Zweck als Modeaccessoire verwendet«[25], hat ihr einige Kritik eingebracht. Unter anderem sah sie sich auch Vorwürfen gegenüber, Fotos von Müttern, deren Söhne von Polizisten getötet wurden, gezielt einzusetzen, um ihre Alben zu verkaufen.

Auch die Fotos der schwangeren Sängerin vom Mai 2017 machten Furore. Zu sehen war sie darauf mit einem mit Hennatatoos geschmückten Bauch und in »afrikanischer« Wax-Kleidung. Und auch der prunkvolle Empfang, den sie anlässlich der Geburt ihrer Zwillinge gab, konzentrierte sich auf das Thema »Afrika«, das als »Mutterland«[26] präsentiert wurde. Die Dekoration des Veranstaltungsorts war – mit Leoparden- und Zebrafellmustern, leuchtenden Farben und Perlen – vom schwarzen Kontinent inspiriert und die Gäste trugen Wax-Stoffe in allen Formen und Farben. Ganz Geschäftsfrau, bedient sich die Künstlerin des Repertoires, das ihrem Image entspricht – eine Strategie, die sich als äußerst effektiv erweist.

Sängerin Beyoncé beim Dreh eines Videoclips in den Favelas von Rio de Janeiro, Brasilien, 2010.

DESIGN UND ACCESSOIRES

Seit mindestens einem halben Jahrhundert findet man auf afrikanischen Märkten Produkte aus bedruckten Stoffen, darunter auch Waxprints, die vor allem an Touristen verkauft werden. Hierzu gehören beispielsweise Tischtücher, Schürzen, Reise- oder Kosmetiktaschen, Puppen und Topflappen.

Die heutigen Designer haben diesen vielfältigen Markt neu für sich entdeckt und profitieren mit viel Einfallsreichtum und Kreativität davon. Alles, was man aus Stoff herstellen kann, lässt sich schließlich auch mit Wax herstellen. Diese Produkte – Schuhe, Krawatten, Gürtel, Handtaschen, Mützen und Hüte – findet man heutzutage überall. Und selbst die Hersteller von Möbeln und Heimtextilien greifen für die Designs von Vorhängen, Stühlen, Sofas und Kissen auf Wax-Stoffe zurück.

Teilweise bestehen die entsprechenden Produkte noch nicht einmal mehr aus Stoff. So werden Waxprints oftmals auf anderen Materialien nachgeahmt. Aufgrund der typischen Farben und Motive lässt sich schließlich so gut wie jedes Material im Stil eines Waxprints gestalten. Derartige Drucke findet man beispielsweise auf Oberflächen aus Plastik oder etwa auf Surfbrettern.

1- Watteau 2009, S. 57.
2- Lipovetsky 1987, S. 11.
3- Chassat 2017, S. 47.
4- Barthes 1967.
5- Barthes 1957, S. 437.
6- Barthes *ibid.*
7- Rovine 2004, S. 190–193; 2015, S. 17–18; Arts 2012, S. 13–14.
8- Barthes 1957, S. 435.
9- Bouttiaux, 2009, S. 116–122.
10- Simmel 2013 (1905).
11- Simmel 1957 (1904), S. 553; siehe auch Chassat 2017, S. 51.
12- Martin 1994, S. 401–404.
13- In Togo umfasst dieses Ensemble, *Complet* genannt, zwei verschiedene Arten von Blusen (Sylvanus 2013, S. 36–37). Man findet es auch im Senegal (Rabine 2002, S. 29–32) sowie in zahlreichen anderen Ländern.
14- Sprache, bei der das Englische mit Wörtern und Betonungsweisen der eingeborenen Bevölkerung kombiniert und dadurch verändert wird.
15- Gott 2010, S. 13.
16- *Ibid.* S. 14.
17- Diese beiden Begriffe (»exotisch« und »ethnisch«) sind als Bezeichnung für diese Mode problematisch, vor allem weil sie nichts Konkretes aussagen. Dennoch sind sie von konzeptuellem Wert, da sie jene stereotypen Bilder hervorrufen, auf die sich die afrikanischen Modeschöpfer, oder jene aus der afrikanischen Diaspora, beziehen. Siehe dazu auch Berloquin-Chassany 2006.
18- Näheres zu afrikanischen Modedesignern siehe Berloquin-Chassany 2015; Van Der Plas & Willemsen 1998.
19- Zitat, das sich bei Aristoteles (4. Jahrhundert v. Chr.) findet, aber oft fälschlicherweise Plinius dem Älteren zugeschrieben wird, der es näher erläutert hat. Die Anspielung auf das Neue bezieht sich, sowohl im Griechischen als auch im Lateinischen, eigentlich auf die Entstehung hybrider Tierarten. Mit der Zeit hat dieser Satz jedoch die Bedeutung angenommen, Afrika habe »die Fähigkeit, stets etwas Neuartiges hervorzubringen« (Feinberg & Solodow 2002, S. 255). Demnach hatte das Zitat zunächst einen negativen Nebensinn, nämlich das Hervorbringen seltsamer oder monströser Tierarten. Über die Vermittlung durch Rabelais und Erasmus von Rotterdam hat es jedoch einen Wandel erfahren und wird zu einer positiven Anerkennung dessen, was Afrika zu leisten imstande ist (Feinberg & Solodow 2002, S. 255–261). Hier ist das Zitat selbstverständlich im positiven Sinne zu verstehen.
20- Sylvanus 2002, S. 129.
21- Château Rouge (siehe Fußnote 70, S. 104) ist mit seinem Markt für afrikanische Produkte ein äußerst lebendiges Viertel. Das inzwischen berühmte Modelabel Maison Château Rouge greift diesen positiven, dynamischen Aspekt auf. Siehe auch Ma Mung 2015; Lallement 2015, S. 51.
22- Bourdieu 1979, S. 258–259.
23- Bourdieu & Delsaut 1975, S. 18.
24- Dieser Begriff hängt mit einem Rassenbegriff zusammen, dessen wissenschaftliche Ungültigkeit allgemein bekannt ist. Als Konzept hat er jedoch weiterhin Bestand. Seine einzige Aussage stützt sich auf eine Hautfarbe, die mit einer gesellschaftlichen Marginalisierung in Verbindung gebracht wird. In den Jahren 2015 und 2016 veröffentlichte die britische Tageszeitung *The Guardian* eine Internetseite mit dem Titel *The Counted*. Sie enthält eine detaillierte Liste der von der amerikanischen Polizei getöteten Personen, in denen sich jährlich »Schwarze« (»Blacks«) und »amerikanische Ureinwohner« (»Native Americans«) die ersten Plätze teilen. www.theguardian.com/us-news/ng-interactive/2015/jun/01/the-counted-police-killings-us-database; siehe auch Taylor 2016, S. 21–50.
25- www.dailymail.co.uk/news/article-3557867/PIERS-MORGAN-Jay-Z-snot-one-needs-nervous-Beyonce-born-black-womanpolitical-mission.html.
26- www.hollywoodreporter.com/news/beyonces-baby-showercarter-push-party-payshomage-motherland-1006218.

Stühle mit Wax-Stoffen. Design von Sandrine Alouf für das Projekt *Wax going on.*

Kleider *Fatou* (links) und *Maelys* (rechts), von Natacha Baco.

Karim und Asmir, De la Sébure, Paris.

Moussa Sakho, Künstler und Dandy, Rue de Gorée, Ondine Saglio, 2016.

Nancy, umgeben von Wax-Kissen von CSAO, Ondine Saglio, 2016.

Oben: Nancy, Rue de Gorée, Ondine Saglio, 2016.
Rechte Seite: Levis, De la Sébure, Paris.

Eine Frau im Hafen von Dakar, Ondine Saglio, 2016.

Stoffhändler im Gespräch, Markt von Sandaga, Dakar, Ondine Saglio, 2017.

Oben: Alain Radon, De la Sébure, Paris.
Rechte Seite: Hose *Menthe* und Top *Amani* (links) sowie Top *Mangue* (rechts), von Natacha Baco.

LVDOVICO MAGNO
FANCY
DEKER

WAX ALS STATEMENT

MALER, BILDHAUER, FOTOGRAFEN UND ANDERE PERSÖNLICHKEITEN AUS DER WELT DER KUNST VERWENDEN WAX ALS TRÄGER EINER BOTSCHAFT – ÄSTHETISCHEN ODER POLITISCHEN INHALTS – ZWISCHEN »FARBSCHOCK« UND »AFRIKANIZITÄT«.

MIT IHREM MOTIVREICHTUM UND IHRER DEKORATIVEN QUALITÄT INSPIRIEREN WAX-STOFFE NICHT NUR ART-DIREKTOREN VON MODEHÄUSERN ODER PROMINENTE. INZWISCHEN HAT WAX AUCH DIE WELT DER KUNST EROBERT UND DIENT – ALS EIN MEDIUM, MIT DEM MAN SPIELERISCH EXPERIMENTIEREN KANN – ALS NEUE INSPIRATIONS-QUELLE.

WAX IN DER MALEREI

Die *Suwer* aus dem Senegal

Die senegalesischen Hinterglasmalereien, auf Wolof (einer Verkehrssprache des Senegal) *Suwer*[1] genannt, gehören zu den ersten Beispielen für Kunstwerke, die in Wax gekleidete Personen abbilden. Bevor sie ausschließlich für den touristischen Markt hergestellt wurden, spielten diese Bilder in senegalesischen Städten eine wichtige Rolle, wo sie die Häuser der Einwohner schmückten. In ihrer Anfangszeit, im Jahr 1911, dienten sie dazu, ein Dekret des französischen Gouverneurs William Ponty zu umgehen. Dieses untersagte die Verbreitung von Farbdrucken mit muslimischen Votivbildern, da man befürchtete, diese könnten zur islamischen Missionierung dienen. Daher wurden die Motive auf Glas reproduziert. Hierbei kam eine sich rasch verbreitende Technik zum Einsatz, bei der die Bil-

Aufmacherseite: Wax-Motiv »Die Familie« oder »Mein Mann ist unfähig«. Design © Vlisco B. V.
Oben: Fulbe-Mädchen mit traditioneller Haartracht, Künstler: Lô Ba, 2004.

der kopiert wurden. Bei dieser Technik zeichnete man zunächst die Konturen auf der späteren Rückseite der Glasscheibe mit Tusche vor und füllte dann die umgrenzten Flächen mit Farbe aus. Dabei begann man mit den feinen Details und gestaltete danach den Hintergrund. Zum Schluss wurde das Glas umgedreht, und das Bild auf der Rückseite erschien spiegelverkehrt, geschützt von der transparenten Glasfläche. Von allgemeinen religiösen Thematiken gingen die Künstler zunächst zur Darstellung von Szenen aus den senegalesischen Sufi-Bruderschaften über, später dann auch zu Porträtmalerei und Illustrationen aus dem alltäglichen Leben.[2] Zu den beiden letzten Themenbereichen zählten auch Darstellungen von Wax-Textilien. Sie wurden teils mit größter Detailgenauigkeit kopiert, bis hin zur Wiedergabe der typischen Craquelé-Effekte.

Kehinde Wiley

Um das Jahr 2001 wurde die zeitgenössische amerikanische Kunst auf Kehinde Wiley aufmerksam, einen afroamerikanischen Maler[3] mit einem außerordentlichen Talent und von großer Originalität. Seine meist sehr großformatigen Bilder verbinden eine ausgefeilte Ästhetik mit sensiblen Thematiken wie Rassendiskriminierung, Macht und Politik. Dennoch hat seine Technik auch einen überraschend ornamentalen Aspekt. Seinen Werken wohnt etwas zutiefst Barockes und zugleich vollkommen Zeitgenössisches inne, in einer expressiven Ausdrucksweise, die manchmal als Bling-Bling bezeichnet wird.[4] In seinen Anfängen machte Wiley auf sich aufmerksam, indem er auf seinen Gemälden junge schwarze Männer in städtischer Kleidung und gekünstelten Posen abbildete. Dargestellt wurden sie nach dem Vorbild berühmter Gemälde alter Meister, allerdings in moderner Kleidung wie etwa in Sportbekleidung oder Jeans sowie in Turnschuhen und T-Shirts.

Bei seinen Gemälden geht Wiley nach einer besonderen Arbeitsweise vor: Er wählt Menschen, die sich durch ein interessantes Äußeres oder ein spezielles Verhalten bzw. ein offensichtliches Charisma auszeichnen, und lässt sie zunächst vor der Kamera posieren. Während der Fotosession lässt er sie dann die Pose finden, in der er sie auf seinen Gemälden abbilden will.

Danach überträgt er die Personen auf eine großformatige Leinwand. Dabei versetzt er sie jedoch – in einer erkennbar dem Repertoire der Kunstgeschichte entnommenen Inszenierung – in einen ungewöhnlichen bzw. historischen Kontext. Meist sind seine Modelle an der Auswahl der Pose oder des berühmten historischen Gemäldes, in dessen Stil sie erscheinen sollen, beteiligt. Der Hintergrund besteht dabei aus gemalten Stoffen – wie etwa Brokat, Samt, bedruckter Seide oder besticktem Satin – mit komplexen, schillernden Mustern. Sie erzeugen die Illusion, dass sich die Personen vom Hintergrund lösen und sich mit dem Vordergrund verbinden, in dem die hyperrealistisch dargestellten Figuren in all ihrem Glanz verewigt sind. Sehr präsent ist auch die politische Haltung des Künstlers. Indem er Helden von heute zeigt, die nicht diskreditiert, sondern im Gegenteil verherrlicht werden, weist er auf das Problem der Rassendiskriminierung hin. Seine Aussage ist unbestreitbar, fein und subtil: Diejenigen, die rassistisch und hasserfüllt jede Art von Andersartigkeit – sei sie im Aussehen, in der Identität oder in der sexuellen Orientierung begründet – ablehnen, werden nicht direkt angegriffen. Stattdessen werden die Unterdrückten, die an den Rand Gedrängten und die Verachteten durch seine Kunst gewürdigt und regelrecht erhöht. Sein Vorgehen besteht dabei jedoch nicht darin, seine Figuren zu standardisieren. Ganz im Gegenteil behalten sie ihre außergewöhnlichen Charakteristika – sei es ihren Hip-Hop-Look oder ihre unkonventionelle Kleidung. Dadurch werden sie zu einer bildlichen Darstellung des Begehrens.

»In meiner Arbeit setze ich die Darstellung des schwarzen Körpers ein, um auf die Abwesenheit desselben in den Museen der Welt hinzuweisen. Meine Arbeit widersteht dabei dem Drang oder der Suche nach Normalisierung oder Korrektur, die man von einem jungen schwarzen Künstler erwarten könnte.«[5]

So schmücken unterschiedlichste Personen seine Gemälde. Zudem besuchte er im Rahmen seines Projekts *The World Stage* (»Die Weltbühne«) Orte in der ganzen Welt, um Menschen aus hispanischen, orientalischen und afrikanischen Ländern abzubilden.[6] Im letzteren Fall fungieren Wax-Stoffe entweder als Hintergrund oder als Gewand seiner Modelle. In ihrer alltäglichen, bürgerlichen Kleidung werden sie zu mythischen Gottheiten, mächtigen Figuren und idealisierten Personen verklärt, die mit unbewegtem Blick den Betrachter mustern.

Seine Inspiration für das Gemälde *Three Wise Men Greeting Entry Into Lagos* (»Drei weise Männer heißen in Lagos[7] willkommen«) waren für Wiley die Statuen dreier Yoruba[8]-Häuptlinge, aufgestellt am Eingang der Stadt. Ohne dabei ihre majestätische Ausstrahlung zu verlieren, ersetzte er die Stammesführer durch drei junge Leute. Sie sind mit Wax-Tuniken bekleidet, wie sie in den Straßen von Lagos, Dakar oder in jeder anderen städtischen oder dörflichen Umgebung Westafrikas zu sehen sind. Im Hintergrund ist ein weiteres Textilmotiv abgebildet, das sich an einigen Stellen mit dem der Kleidung überlagert und das an einen Abzug aus einem afrikanischen Fotostudio erinnert. Ähnliche Stoffe verwendeten die Fotografen früher häufig als Hintergrund, wenn sie Personen in einem Foto porträtierten – ein Detail, das mit Wileys künstlerischem Vorgehen vergleichbar ist. Diese freiwillig aufgenommenen Porträts waren von Stolz und Selbstbewusstsein und dem Wunsch bestimmt, sich abbilden zu lassen. Somit standen sie in starkem Kontrast zu den Fotos, die von den kolonialen Machthabern aufgenommen wurden[9] und ein Gefühl von Unterwerfung und Zwang vermitteln. Dieser Gegensatz erklärt auch den großen Erfolg der Studiofotografie in Afrika.

Wiley, dessen Arbeiten stark von den *Mugshot*-Fotos der Polizei bei Festnahmen beeinflusst sind, liegt diese Thematik besonders am Herzen. In seinem Werk *On Top of the World* (»Auf dem Gipfel der Welt«) scheinen sich die Blicke auf den schwarzen Körper zwischen Bewunderung und Ablehnung zu überschneiden. Das Motiv erinnert an eine unter den Einwohnern von Lagos wohlbekannte Statue[10], bei der die Geste der erhobenen Hand durch die geballte Faust der *Black-Power*-Bewegung der Vereinigten Staaten[11] ersetzt wurde. Die stolze, fordernde Geste der Afroamerikaner erscheint vor dem Hintergrund eines berühmten afrikanischen Wax-Motivs. Es stellt einen fliegenden Vogel dar, der symbolisch für den Freiheitskampf steht.

On Top of the World, Kehinde Wiley , 2008.

INSTALLATIONEN – SKULPTUREN

Yinka Shonibare

Spricht man von Wax in Verbindung mit zeitgenössischer Kunst, ist es unmöglich, im selben Atemzug nicht auch Yinka Shonibare zu erwähnen. Der britische Künstler mit nigerianischen Wurzeln[12] hat seit den 1990er-Jahren zweifellos dazu beigetragen, Wax als künstlerisches Medium bekannt zu machen. Die von ihm verwendeten Ausdrucksmittel sind Malerei, Fotografie, Installation und Film. Seine Bekanntheit verdankt er jedoch vor allem seinen figürlichen Skulpturen. Genauer gesagt handelt es sich hierbei um – oft kopflose – Schaufensterpuppen, gekleidet nach der Mode vergangener Jahrhunderte, jedoch aus Wax-Stoffen. Seine Inspiration holt sich Shonibare beispielsweise bei Gemälden von Jean-Honoré Fragonard oder aus viktorianischen Szenen, die er dreidimensional wiedergibt. Sein Markenzeichen, dem er bis heute treu geblieben ist, besteht darin, dass er seine menschlichen Figuren (oder andere Objekte) in den als afrikanisch geltenden, aber in Holland hergestellten Wax-Textilien einkleidet.

Hiermit will er auf den gewaltsamen Expansionsdrang der Großmächte, deren ökonomische Überlegenheit und die ohne Rücksicht auf die unterprivilegierten Gesellschaftsschichten eingesetzten Herrscher anspielen. Auch das Konzept der Authentizität beschäftigt ihn dabei. Und so sieht er in Wax das ideale Medium für seine künstlerischen Projekte. Während seines Kunststudiums in London wurde Shonibare einmal von einem seiner Professoren gefragt, warum er nicht mit Anspielungen auf den afrikanischen Kontinent arbeite, da er dies als sein kulturelles Erbe voraussetzte. Für den jungen Künstler, der teilweise in London aufgewachsen war, dort studiert hatte und mehreren kulturellen Organisationen angehörte, hatte diese Frage etwas Unstimmiges. Genau diese Unstimmigkeit sah er in ähnlicher Weise durch die Waxprints verkörpert.[13] Daher beschloss er, sich mithilfe von ihnen in all ihren widersprüchlichen Facetten auszudrücken. So gab ihm der Professor den Anstoß, den »afrikanischen Exotismus« zu erforschen. Dieser Idee verdankt Shonibare letztendlich seine Berühmtheit, doch in seinen Werken versucht er auch zu beweisen, wie folgewidrig und umstößlich sie ist.

> **»Die bestechenden, oft farbenfrohen Arbeiten Shonibares handeln von Authentizität in ihrer ironischen und bildlichen Wahrnehmung. Sie zeigen die Rasse als einen Mythos, aber auch den vielschichtigen Diskurs, der versucht, sich von dieser Vorstellung zu distanzieren. Dabei bewegt er sich oft auf dem schwankenden Schiff der ethnischen Klischees und der kolonialzeitlichen Nachahmung.«[14]**

Romuald Hazoumè

Der Künstler Romuald Hazoumè[15] stammt aus Benin, wo er auch heute noch lebt und arbeitet. Inzwischen ist er vor allem bekannt für seine imposanten Installationen. Zuvor, in den 1990er-Jahren, bekam er viel Aufmerksamkeit für seine von Masken inspirierten Serien. Hazoumè war zugleich erstaunt und amüsiert, aber auch ein wenig irritiert von der westlichen Faszination für Masken. Denn diese Objekte wurden in der westlichen Welt wahrgenommen, als seien sie untrennbar mit Afrika verbunden. Daher kam er – mit einigem Augenzwinkern – auf die Idee, afrikanisch beeinflusste Masken aus Plastikkanistern herzustellen. Der spielerische, scherzhafte Umgang des Künstlers mit der Thematik ist dabei deutlich wahrnehmbar. Hierin äußert sich abermals der Wert, den die »Authentizität« einem Objekt verleiht. Denn für Käufer oder Sammler von rituellen Artefakten ist dies besonders wichtig. Der »Gebrauchswert« spielt auf dem Kunstmarkt eine nicht zu vernachlässigende Rolle, da er die »Echtheit« der Objekte bestätigt und so ihren Preis erhöht. Die Werke Hazoumès sind jedoch weit mehr als nur ein billiger Scherz. So verfügen seine Masken über einen ästhetischen Wert, dessen Qualität allseits Anerkennung findet. Sie wurden aus recycelten Materialien wie etwa alten Plastikkanistern hergestellt und haben eine starke Ausstrahlung, die dem Auge des Kunstliebhabers nicht entgeht. Die Masken beschäftigen sich mit der Idee von Exotismus, Identität und Klischees. Dabei überrascht es kaum, dass Hazoumè in einigen seiner Kreationen auch die leuchtenden Farben der »afrikanischen« bedruckten Stoffe einsetzt, um die Haartracht seiner Masken zu vervollständigen.

Barthélémy Toguo

Der Künstler Barthélémy Toguo aus Kamerun lebt die meiste Zeit in Paris, produziert aber auch Werke in Bandjoun (Kamerun), wo er sich ein Atelier eingerichtet hat.[16] Er bezeichnet sich selbst als Angehöriger einer relativ privilegierten »schwarzafrikanischen« Diaspora. Daher fühlt er sich seinem Herkunftsland verpflichtet, dessen Entwicklung er fördern will. In seinen Kunstwerken beschäftigt sich der Künstler mit sensiblen Themen – von ökonomischen Problemen über Terrorismus bis hin zu Rassendiskriminierung, Sexualität und allen Formen der Unterdrückung.[17] Ein beträchtlicher Teil seiner Installationen handeln vom Schrecken der Emigration und des Exils. Dies betrifft vor allem jene, die gezwungen sind, aus unerträglichen politischen oder wirtschaftlichen Situationen zu fliehen in der Hoffnung, anderswo eine friedliche Heimat zu finden. Zu dieser Serie gehört auch die Installation *Road to Exile* (»Weg ins Exil«). Sie zeigt ein zerbrechliches Boot nach dem Vorbild der Flüchtlingsboote, in denen die Menschen die Meere überqueren, um von Afrika aus die europäischen Küsten zu erreichen. Da es den Schleusern hierbei allein um Profit geht, sind diese Boote überfüllt und laufen daher stets Gefahr zu kentern. Sie bieten nicht einmal den grundlegendsten Komfort, der für die lange Reise über das Meer nötig wäre, und die Bedingungen der Überfahrt sind menschenunwürdig. In Toguos Boot sind die Passagiere durch kleine Wax-Bündel dargestellt, die auf ihren afrikanischen Ursprung hindeuten. Sie stehen für die verleugneten und verhöhnten Individuen. Die typischen Plastiktaschen, die sie auf der Flucht bei sich tragen und die ebenfalls in der Installation zu sehen sind, symbolisieren die Reise der Mittellosen.

FOTOGRAFIE

Die afrikanische Porträtfotografie ist meist unweigerlich – teils auch unfreiwillig – eine Hommage an die Waxprints. Da sich die Fotografie schon früh in den verschiedenen Ländern des Kontinents entwickelte, finden sich hierfür in Afrika viele frühe Beispiele. Einige berühmte Fotografen wie Seydou Keita[18] setzten den Motivreichtum der Stoffe bewusst und häufig ein. So dienten die Wax-Stoffe beispielsweise als Hintergrund für die Porträts seiner Studioaufnahmen, bei denen die Kunden in ihrer schönsten Kleidung posierten. Auch in Form von Betten oder Sofas, auf denen sich die Porträtierten in Pose setzten, fungierten die Stoffe als Kulisse. In einigen Fällen nahmen Fotografen wie Keita, Malick

Modedesigner Samson Soboye. Othello De'Souza-Hartley für das Festival *Africa Utopia*, London, 2015.

Sidibé[19] oder Mama Casset[20] dabei die Rolle eines stillen Beobachters ein. Bildbestimmend war vor allem der Wunsch ihrer Klientel, sich in einer eleganten Pose und in einer Kleidung verewigt zu sehen, die ihren gesellschaftlichen Status symbolisierte. Die starke Präsenz der Waxprints war für die Fotografen vor allem von ästhetischem Wert, da sie ihnen ermöglichte, mit einer Fülle an Motiven zu spielen. Damit unterschieden sich diese Auftragsarbeiten beispielsweise von den Installationen Yinka Shonibares, zu denen ebenfalls zahlreiche Fotografien gehörten. Stattdessen gehörten die Wax-Stoffe zur alltäglichen Lebensumgebung der Porträtierten, wo sie als völlig normal, wenn nicht gar als banal wahrgenommen wurden.

Um seine Modelle in Szene zu setzen, arbeitete Keita nach einer einzigartigen Methode: So ging der eigentlichen Arbeit stets ein Gespräch voraus, das dem Künstler dabei helfen sollte, die Persönlichkeit seiner Kunden zu erfassen. Danach positionierte er sie im Vordergrund einer Dekoration oder eines bedruckten Stoffs. Dieser war jeweils auf die Kleidung des Porträtierten abgestimmt und übernahm somit eine eigene Funktion. Um das Bild zu vervollständigen, das seine Kunden von sich selbst vermitteln wollten, ließ Keita sie aus verschiedenen Accessoires wählen oder schlug ihnen ein bestimmtes Requisit vor. Oftmals brach er bewusst mit der frontalen Darstellung, die in der kolonialen Dokumentationsfotografie üblich war. Denn es ging ihm um die Abbildung von Individuen, nicht um das Ablichten von Vertretern verschiedener »Typen« von Afrikanern. Seine Bilder, geprägt von Emotionen, Offenherzigkeit, Stolz, Zurückhaltung und bisweilen auch Prahlerei, drücken stets die Persönlichkeit des Porträtierten aus, interpretiert durch das Talent des Künstlers. Für Ausstellungen werden Abzüge seiner Negative verwendet. Die Tatsache, dass die Namen der Modelle, die einst die Auftraggeber dieser Arbeiten waren, in der Regel nicht mehr bekannt sind[21], hat diesem Vorgehen einige Kritik eingebracht. Da die Hauptpersonen dabei nicht berücksichtigt wurden, so bemängeln Kritiker, entspreche das Ergebnis einem westlichen Konstrukt. Durch ihre Ausstellung haben die Fotografien eine grundlegende Wandlung erfahren: Die Personen, die einst ein Porträt von sich anfertigen ließen, um es zu verschenken oder in ihren Wohnhäusern aufzuhängen, und die man heute für ihr stattliches Aussehen bewundert, sind unter der Beleuchtung der Museen und den Blicken des Publikums anonym geworden. Der namentlich erwähnte Fotograf hingegen wurde durch die öffentliche Ausstellung seiner Bilder der Vergessenheit entrissen. Aus Gründen der Sparsamkeit machte Keita stets nur eine einzige Aufnahme und einen einzigen Abzug, die jeweils gelingen mussten. Das Ergebnis ist umso überzeugender: Die Fotografien sind mit viel Geschick komponiert und »skizziert«. Vergleichbar ist dies mit den Arbeiten von Malick Sidibé, die in bemerkenswerter Weise von der Aufbruchstimmung unter den malischen Jugendlichen in der Zeit der Unabhängigkeit Zeugnis ablegen.

Aber auch einige Fotografen, die sich auch oder ausschließlich als Künstler und nicht als Dienstleister begreifen, arbeiten mit Wax-Stoffen. Da sie nicht im Auftrag anderer agieren, hat das Modell hierbei nicht immer ein Mitspracherecht. Die Wax-Stoffe dienen dazu, Position zu beziehen, und erhalten dadurch eine andere als ihre eigentliche Bedeutung. Oftmals wird dabei auf die ursprüngliche Herkunft der Waxprints angespielt. Durch ihre Verwendung beziehen sich die Fotografen auf den inneren Widerspruch

– zwischen kolonialer Machtausübung, westlicher Produktion und afrikanischem Klischee.

Der Künstler Omar Victor Diop[22] etwa zieht dabei alle Register: So verwendet er die Wax-Stoffe zwar auch in seinen als Auftragsarbeiten angefertigten Modereportagen. Immer häufiger nutzt er die »afrikanischen« Stoffe jedoch auch in seinen Einzelwerken und Serien, um das Thema der Identität in seinen verschiedenen Facetten zu beleuchten.

Auch Abraham Onoriode Oghobase[23] verwendet in einer Serie mit dem Titel *Fantasy* (»Fantasie«) in Holland produzierte Wax-Stoffe. Dabei geht es ihm darum, die durch sie aufgezwungene Identität – die weitgehend akzeptiert oder aufgrund der Herkunft aus dem Westen sogar gewünscht ist – infrage zu stellen:

> »Für mich repräsentieren diese Stoffe Neokolonialismus und Kapitalismus par excellence. Ich finde es interessant, in welchem Maße sie als ein Teil unserer Identität akzeptiert sind [...]. Mein Ziel war es, auf spielerische Weise die Vorstellung davon zu dekonstruieren, was es bedeutet, im 21. Jahrhundert Afrikaner zu sein. Wir leben in einer Welt der Verschmelzung und Vermischung, und die damit verbundenen verschwimmenden Grenzen finden in der Körpersprache meiner Bilder ihren Ausdruck.«[24]

Auf ähnliche Weise beschäftigt sich Othello De'Souza-Hartley[25] in einer Serie (*Africa Utopia*) mit dem Thema »Porträtkunst«. Für dieses Genre, das unter anderem von Seydou Keita geprägt ist, verwendet er Wax-Stoff als Hintergrund. Vor ihm heben sich die Kleider seiner Modelle ab, die oft von vergleichbarer Textur sind. Diese Art der Inszenierung treibt Myette Fauchère[26] auf die Spitze: Im Rahmen ihres in Togo und Benin angesiedelten Projekts *Portraits Caméléon* (»Chamäleon-Porträts«) verwendet sie für den Hintergrund dieselben Stoffe wie für ihre Modelle. Diese entsprechen denjenigen Stoffen, die die Mitglieder einer bestimmten Gemeinschaft oder Familie zu besonderen Anlässen tragen.

Auch viele andere in Afrika lebende oder von dort stammende Fotografen, aber auch solche aus anderen Teilen der Welt, haben Wax-Stoffe punktuell in ihren Arbeiten verwendet, ohne sie jedoch zum Gegenstand weitergehender Reflexionen zu machen. Oft wird der Stoff lediglich als Dekoration oder aufgrund seiner visuellen und ästhetischen Qualitäten eingesetzt. Einige Beispiele hierfür liefert etwa Samuel Fosso[27], dessen gesamtes Werk aus Selbstporträts besteht.

1– Abgeleitet vom französischen *Sous-verre* (»Glasbild«).
2– Bouttiaux 1994, S. 9–23.
3– Geboren 1977 in Los Angeles.
4– Thompson 2009, S. 489–490.
5– Zitat von Kehinde Wiley in Kim & Gaines 2008, S. 11.
6– Wiley 2008; siehe auch Tsai 2015.
7– Die größte Stadt Nigerias. Die Hauptstadt des Landes ist Abuja.
8– Zahlenmäßig eine der größten Bevölkerungsgruppen Nigerias, das über 300 Gruppen umfasst. Kehinde Wiley, selbst nigerianischer Herkunft, trägt einen Yoruba-Namen, obwohl er von der Volksgruppe der Igbo (eine weitere mehrheitliche ethnische Gruppe) abstammt.
9– Bouttiaux 2003, S. 9–22. Siehe auch Martin Saint Léon & Fall 1999.
10– Des christlichen Yoruba-Häuptlings Obafemi Awolowo, Vorsitzender der Partei Action Group in den Jahren, die zur Unabhängigkeit führten (1960), und in den 1980er-Jahren Vorsitzender der Unity Party of Nigeria. Adebanwi 2008, S. 335–360; Peel 2016, S. 144–146.
11– Siehe auch Thompson 2008, S. 22.
12– Yinka Shonibare MBE wurde 1962 in London geboren. MBE ist der Ehrentitel der Inhaber des britischen Verdienstordens *Most Excellent Order of the British Empire*.
13– Obrist & Shonibare 2013, S. 19; Crenn 2014, S. 227.
14– Enwezor 1997, S. 11.
15– Geboren 1962 in Porto Novo. Siehe auch Bouttiaux 2013b, S. 210–229.
16– Dieses Atelier namens Bandjoun Station umfasst auch Künstlerresidenzen.
17– Poinsot 2014, S. 116–118.
18– Malischer Fotograf, 1921–2001.
19– Malischer Fotograf, 1936–2016.
20– Senegalesischer Fotograf, 1908–1992. Martin Saint Léon & Pivin 1999, S. 78–83.
21– Bigham 1999, S. 56–67.
22– Senegalesischer Fotograf, geboren 1980 in Dakar.
23– Nigerianischer Fotograf, geboren 1979 in Lagos.
24– Oghobase 2015, in einem auf *thesoleadventurer.com* veröffentlichten Interview.
25– Fotograf und Künstler aus der afrikanischen Diaspora, niedergelassen in London.
26– Französische Fotografin.
27– Fotograf aus Kamerun, niedergelassen in Bangui, Zentralafrika.

Porträt einer Mutter mit ihrem Kind in einem UNHCR-Lager in Kamerun. Aus der Serie *Hopeful Blues*. Omar Victor Diop, 2015.

Three Wise Men Greeting Entry Into Lagos, Kehinde Wiley, 2008.

Road to Exile, Talking to the Moon, Barthélémy Toguo, Musée d'art contemporain de Saint-Étienne, 2011.

Refugee Astronaut II, Yinka Shonibare, 2016.

Oben: *Waxomaniaque*, Romuald Hazoumè, 2009.
Rechte Seite: *Nanawax*, Romuald Hazoumè, 2009.

Ohne Titel, Malick Sidibé, 1973.

Nana Touré, Malick Sidibé, 1973.

Ohne Titel, Seydou Keita, 1952–1955.

Seitens Modemachern und Verbrauchern erfreuen sich Waxprints heute weltweit großer Beliebtheit. Aufgrund ihrer beachtlichen geografischen Verbreitung sind sie zu einem wahren Symbol der Globalisierung geworden. Im Lauf ihrer Reise haben sie jedoch auch eine afrikanische Identität angenommen, die zu ihrer großen Faszination beiträgt. Diese Prägung tragen sie zu Recht. Zwar haben die frühen europäischen Hersteller die Wax-Stoffe aus kommerziellen Gründen in Afrika eingeführt. Vor allem aber wurden sie in den Ländern Afrikas angenommen, wo sie wichtige Funktionen erhielten. So spielen Waxprints heute im religiösen, politischen, wirtschaftlichen und gesellschaftlichen Leben Afrikas eine bedeutende Rolle. Vermutlich gibt es keinen anderen Stoff, der derart mit Identität und Bedeutung aufgeladen ist. Ob es sich dabei um eine Klassifikation handelt, die »gut zu denken«[1] ist – um die berühmte Formulierung von Lévi-Strauss aufzugreifen –, muss nicht mehr bewiesen werden. In den Ausstellungen der Museen auf der ganzen Welt finden sich Wax-Stoffe in all ihrer farbenfrohen Vielfalt. Sie thematisieren nicht nur die Ästhetik der Motive, sondern auch die ihnen innewohnende Doppeldeutigkeit und Widersprüchlichkeit.

Für diejenigen, die Waxprints heute verarbeiten oder tragen, ist ihr »afrikanischer« Charakter noch immer eine wesentliche Eigenschaft. Dieser wird von der Bevölkerung der afrikanischen Länder, die sie als ihr Eigentum ansehen, als selbstverständlich betrachtet. Aber auch für die Menschen aus anderen Ländern der Welt, die diese Stoffe wegen ihrer Exotik schätzen, sind sie eng mit dem schwarzen Kontinent verbunden. Der kulturellen Bedeutung, die die Geschichte dieser Stoffe prägt und ihnen ihre außergewöhnliche ästhetische und konzeptuelle Qualität verleiht, sind sich meist nur speziell interessierte Wissenschaftler sowie einige Künstler und Liebhaber dieser Stoffe bewusst. So bleiben der indonesische Ursprung dieser Färbetechnik und die westeuropäische Herstellung von Waxprint-Stoffen oftmals im Dunkeln. Und je mehr sich die Stoffe weltweit verbreiten, desto größer ist auch die Gefahr, dass ihre Verbindung mit Afrika und ihre dortige kulturelle Verankerung nach und nach in Vergessenheit geraten. Denn wenn sie überall auf der Welt mit derselben Selbstverständlichkeit getragen werden, nehmen sie eine neue Bedeutung, einen unerwarteten Sinn und natürlich auch eine andere Identifizierung an. Und so sei an dieser Stelle noch eine weitere Abschweifung erlaubt – der Hinweis darauf, in welchem Maße die Identität nur eine reine Vorstellung des Geistes ist, die jeder Objektivität entbehrt. Übrig bleiben dabei lediglich Identifizierungen, die ganz der Willkür und den Wünschen jedes Einzelnen überlassen sind.[2] Und nicht zuletzt kann uns die Beschäftigung mit diesen Stoffen vielleicht auch eine kleine Lektion in Bescheidenheit und Menschlichkeit erteilen.

1- Lévi-Strauss 1962, S. 128; 1962b, S. 132.
2- Brubaker & Cooper 2000, S. 14–17.

BIBLIOGRAFIE

Adebanwi, Wale:
The Cult of Awo: The Political Life of a Dead Leader. *The Journal of Modern African Studies*, XLVI, H. 3, S. 335–360, 2008.

Amselle, Jean-Loup:
Retour sur »l'invention de la tradition«. *L'Homme*, H. 185–186, S. 187–194, 2008.

Amselle, Jean-Loup & M'Bokolo, Elikia (Hg.):
Au cœur de l'ethnie. Ethnie, tribalisme et État en Afrique. Paris: La Découverte Poche (Sciences humaines et sociales), 1999 [1985].

Appadurai, Arjun:
Introduction: commodities and the politics of value. *In:* A. Appadurai (Hg.): *The Social Life of Things: Commodities in Cultural perspective*, S. 3–63. Cambridge, New York, New Rochelle, Melbourne, Sydney: Cambridge University Press, 1986.

Arts, Jos:
Vlisco. Zwolle: WBooks Arnhem: ArtEZ Press, 2012.

Ayimpam, Sylvie & Tsambu, Léon:
De la fripe à la sape. Migrations congolaises et modes vestimentaires. *Hommes et Migrations*, H. 1310 (*Fashion Mix*), S. 117–125, 2015.

Barnes Ruth:
Introduction. The study of Indonesian textiles: past, present, and future. *In:* R. Barnes & M. Hunt Kahlenberg (Hg.): *Five Centuries of Indonesian Textiles*, S. 26–33. München, Berlin, London, New York: DelMonico Books, Prestel, 2010.

Barthes, Roland:
Histoire et sociologie du vêtement. Quelques observations méthodologiques. *Annales. Économies, Sociétés, Civilisations*. Jg. 12, H. 3, S. 430–441, 1957.
– *Systèmes de la mode*. Paris: Seuil, 1967.

Bayart, Jean-François:
Hégémonie et coercition en Afrique subsaharienne. La »politique de la chicotte«. *Politique africaine*, H. 110, S. 123–152, 2008.

Bayart, Jean-François & Bertrand, Romain:
De quel »legs colonial« parle-t-on? *Esprit*, H. 12, S. 134–160, 2006.

Beck, Rose Marie:
Aesthetics of Communication: Texts on Textiles (Leso) from the East African Coast (Swahili). *Research in African Literatures*, Jg. 31, H. 4, S. 104–124, 2000.
– Speaking Potlids from the Lower Congo (Cabinda/Angola). *In:* R. M. Beck & Fr. Wittmann (Hg.): *African Media Cultures – Transdisciplinary Perspectives/Cultures de médias en Afrique – Perspectives transdisciplinaires*, S. 99–122. Köln: Rüdiger Köppe Verlag, S. 99–122, 2004.
– Texts on Textiles: Proverbiality as Characteristic of Equivocal Communication at the East African Coast (Swahili). *Journal of African Cultural Studies*, Jg. 17, H. 2, S. 131–160, 2005.

Ben-Amos, Paula:
African Visual Arts from a Social Perspective. *African Studies Review*, Jg. 32, H. 2, S. 1–53, 1989.

Berloquin-Chassany, Pascale:
Créateurs africains de mode vestimentaire et labellisation »ethnique« (France, Antilles, Afrique de l'Ouest francophone). *Autrepart*, H. 38, S. 173–190, 2006.
– Étoiles symboliques de la mode noire. Chris Seydou, Patrick Kelly et Ozwald Boateng, une perspective comparative. *Hommes et Migrations*, H. 1310 (*Fashion Mix*), S. 77–83, 2015.

Bertoncello, Brigitte & Bredeloup, Sylvie:
De Hong Kong à Guangzhou, de nouveaux »comptoirs« africains s'organisent. *Perspectives chinoises*, H. 1, S. 98–110, 2007.

Bertrand, Romain:
Le goût de la papaye jaune. Stratégies d'extraversion et pratiques hybrides en Indonésie coloniale. *Politique africaine*, H. 74, S. 130–151, 1999.
– Penser le Java mystique de l'âge moderne avec Foucault: peut-on écrire une histoire »non intentionnaliste« du politique? *Revue internationale des sciences sociales*, H. 191, S. 83–101, 2007.

Bickford Berzock, Kathleen E.:
The A. B. C's of Cloth and Politics in Côte d'Ivoire. *Africa Today*, Jg. 41, H. 2, S. 5–24, 1994.
– African Prints/African Ownership: On Naming, Value, and Classics. *In:* S. Gott & Kr. S. Loughran & B. D. Quick & L. W. Rabine (Hg.): *African-Print Fashion Now! A Story of Taste, Globalization, and Style*, S. 70–79. Los Angeles: Fowler Museum at UCLA (Fowler Museum Textile Series, Bd. 14), 2017.

Bigham, Elizabeth:
Issues of Authorship in the Portrait Photographs of Seydou Keïta, 1999.

Blé, Raoul Germain:
Le pagne. Un moyen de communication en Côte d'Ivoire. *Communication*, Jg. 30, online veröffentlicht am 29. November 2012. URL: http://communication.revues.org/3026; DOI: 10.4000/communication.3026, 2012.

Boni, Tanella:
Que vivent les femmes d'Afrique? Paris: Éditions du Panama (Cyclo), 2008.

Bonomelli, Marc:
Ces adresses qui font bouger Château-Rouge. www.lesinrocks.com/2016/10/30/style/adresses-bouger-chateau-rouge-11874709, 2016.

Bourdieu, Pierre:
La Distinction. Critique sociale du jugement. Paris: Éditions de Minuit, 1979.

Bourdieu, Pierre & Delsaut, Yvette:
Le couturier et sa griffe: contribution à une théorie de la magie. *Actes de la Recherche en Sciences sociales*, I, H. 1 (*Hiérarchie sociale des objets*), S. 7–36, 1975.

Bouttiaux, Anne-Marie:
Senegal Behind Glass. Images of Religious and Daily Life. München, New York: Prestel, 1994.
– Un autre regard. Photographies africaines d'Afrique. *In:* A.-M. Bouttiaux & J. L. Pivin & S. Martin Saint Léon (Hg.): *L'Afrique par elle-même. Un siècle de photographie africaine*, S. 9–22. Tervuren: Musée royal de l'Afrique centrale, Paris: Éditions Revue Noire, 2003.
– Comment tisser les couleurs et le sens. Afrique occidentale. In: *Costumes et textiles d'Afrique des Berbères aux Zulu*, S. 87–91. Mailand: 5 Continents Editions, 2008.
– *Persona. Masques d'Afrique: identités cachées et révélées*. Tervuren: Musée royal de l'Afrique centrale, Mailand: 5 Continents, 2009.
– Du divertissement au sacrifice. Masques guro de la région de Zuenoula, Côte d'Ivoire. *In:* A.-M. Bouttiaux (Hg.): *La Dynamique des masques en Afrique occidentale*, S. 115–140. Tervuren: Musée royal de l'Afrique centrale, 2013a.
– Romuald Hazoumè. L'engagement politique et la réussite sociale. *In:* Chr. Falgayrettes-Leveau (Hg.): *Initiés. Bassin du Congo*, S. 210–229. Paris: Éditions Dapper, 2013b.

Bouttiaux, Anne-Marie & Ghysels, Marc:
Sogolon la scrofuleuse. L'épopée de Soundjata passée aux rayons X. *Tribal*, H. 75, S. 88–123, 2015.

Brubaker, Rogers & Cooper, Frederick:
Beyond »Identity«. *Theory and Society*, H. 29, S. 1–40, 2000.

Chassat, Sophie:
La mode: boule à facettes philosophique. *Revue de la BNF*, H. 54, S. 46–53, 2017.

Cordonnier, Rita:
Les revendeuses de tissu de Lomé (Togo). *Journal des Africanistes*, Jg. 58, H. 2, S. 230–231, 1988.

Crenn, Julie:
Yinka Shonibare. Épaissir le récit. *Africultures*, H. 99–100, S. 226–233, 2014.

De Boeck, Filip:
La ville de Kinshasa, une architecture du verbe. *L'Esprit*, H. 12, S. 79–105, 2006 (2011). – Online (2011): *Œil d'Afrique. http://archives.oeildafrique.com/la-ville-de-kinshasa-une-architecture-du-verbe.*

Domowitz, Susan:
Wearing Proverbs. Anyi Names for Printed Factory Cloth. *African Arts*, Jg. 25, H. 3, S. 82–87, 104, 1992.

Elands, Helen:
Dutch Wax Classics: The Designs Introduced by Ebenezer Brown Fleming circa 1890–1912 and Their Legacy. *In:* S. Gott & Kr. S. Loughran & B. D. Quick & L. W. Rabine (Hg.). *African-Print Fashion Now! A Story of Taste, Globalization, and Style*, S. 52–61. Los Angeles: Fowler Museum at UCLA (Fowler Museum Textile Series, Bd. 14), 2017.

Enwezor, Okwui:
The Joke is on you: The Work of Yonka Shonibare. *Nka: Journal of Contemporary African Art*, H. 6–7, S. 10–11, 1997.

Faber, Paul:
Long Live the President. Portraits-cloths from Africa. Amsterdam: KIT Publishers, 2010.

Fauque, Claude & Wollenweber, Otto:
Tissus d'Afrique. Paris: Éditions Syros-Alternatives, 1991.

Fauvelle-Aymar, François-Xavier:
La rencontre coloniale. Regards sur le quotidien. *Politique africaine*, H. 74, S. 105–112, 1999.

Feinberg, Harvey M. & Solodow, Joseph B.:
Out of Africa. *The Journal of African History*, Jg. 43, H. 2, S. 255–261, 2002.

Fokwang, Jude:
Fabrics of Identity. Uniforms, Gender and Associations in the Cameroon Grassfields. *Africa*, Jg. 85, H. 4, S. 677–696, 2015.

Foucault, Michel:
L'Archéologie du savoir. Paris: Gallimard, 1969.

Gerards, Roger & Sho, Suze May (Hg.):
Vlisco Fabrics. Arnhem: ArtEZ Press, 2012.

Gérimont, Patricia:
Teinturières de Bamako. Quand la couleur sort de sa réserve. Paris: Ibis Press, 2008.

Gilbert, Michelle:
Disguising the Pain of Remembering in Akwapim. *Africa: Journal of the International African Institute*, Jg. 80, H. 3, S. 426–452, 2010.

Gondola, Charles Didier:
Oh, rio-Ma! Musique et guerre des sexes à Kinshasa, 1930–1990. *Revue française d'histoire d'outre-mer*, Jg. 84, H. 314, S. 51–81, 1997.
– La sape des *mikilistes*. Théâtre de l'artifice et représentation onirique. *Cahiers d'Études africaines*, Jg. 39, H. 153, S. 13–47, 1999.
– Ô, Kisasa Makambo! Métamorphoses et représentations urbaines de Kinshasa à travers le discours musical les années 1950–1960. *Le Mouvement social*, H. 204, S. 109–129, 2003.

Gott, Susan:
The Ghanaian *Kaba*. *In:* S. Gott & Kr. S. Loughran (Hg.): *Contemporary African Fashion*, 11–27. Bloomington, Indianapolis: Indiana University Press, 2010.

Gott, Susan & Loughran Kristyne S.:
Vlisco – Rebranding into Fashion. *In:* S. Gott & Kr. S. Loughran & B. D. Quick & L. W. Rabine (Hg.): *African-Print Fashion Now! A Story of Taste, Globalization, and Style*, S. 204–223. Los Angeles: Fowler Museum at UCLA (Fowler Museum Textile Series, Bd. 14), 2017.

Grosfilley, Anne:
Interleaf: African-Print Cloth in Abidjan: A Success Story. *In:* S. Gott & Kr. S. Loughran & B. D. Quick & L. W. Rabine (Hg.): *African-Print Fashion Now! A Story of Taste, Globalization, and Style*, S. 102–105. Los Angeles: Fowler Museum at UCLA (Fowler Museum Textile Series, Bd. 14), 2017.

Heringa, Rens:
Upland tribe, coastal village, and inland court: revised parameters for batik research. *In:* R. Barnes & M. Hunt Kahlenberg (Hg.): *Five Centuries of Indonesian Textiles*, S. 120–131. München, Berlin, London, New York: DelMonico Books, Prestel, 2010

Hobsbawm, Eric & Ranger, Terence:
The Invention of Tradition. Cambridge: Cambridge University Press, 2000 (1983).

Howard, E. K. & Sarpong, G. D. & Amankwah, A. M.:
Symbolic Significance of African Prints: a Dying Phenomenon in Contemporary Print Designs in Ghana. *International Journal of Innovative Research & Development*, Jg. 1, H. 11, S. 609–624, 2012.

Jones, Geoffrey:
Renewing Unilever: Transformation and Tradition. Oxford: Oxford University Press, 2005.

Kim, Christine Y. & Gaines, Mailk:
Einführung. Gespräch mit Kehinde Wiley. *In:* K. Wiley: *The World Stage: Africa. Lagos – Dakar*, S. 8–15. Harlem, New York: The Studio Museum Harlem, 2008.

Knoop, Femke:
Het Begin van het einde voor Vlisco? *Haute Histoire.* www.hautehistoire.nl/begin-einde-vlisco, 2017.

Kopytoff, Igor:
The Cultural Biography of Things. *In:* A. Appadurai (Hg.): *The Social Life of Things: Commodities in Cultural perspective*, S. 64–91. Cambridge, New York, New Rochelle, Melbourne, Sydney: Cambridge University Press, 1986.

Kroese, W. T.:
The Origin of the Wax Block Prints on the Coast of West Africa. Hengelo: N. V. Uitgeverij Smit Van 1876, 1976.

Laarhoven, Ruurdje:
A Silent Textile Trade War: Batik Revival as Economic and Political Weapon in 17th Century Java. *Textiles and Politics: Textile Society of*

America 13th Biennial Symposium Proceedings. DigitalCommons@University of Nebraska – Lincoln. http://digital commons.unl.edu/tsaconf/705, 2012.

Lallement, Emmanuelle:
Espaces marchands et mode à Barbès. Un *fashion mix* urbain et cosmopolite. *Hommes & migrations*, H. 1310, S. 45–53, 2015.

Lévi-Strauss, Claude:
La Pensée sauvage. Paris: Plon, 1962.
– *Le Totémisme aujourd'hui*. Paris: PUF, 1962b.

Lillethun, Abby:
Javanesque Effects: Appropriation of Batik and Its Transformations in Modern Textiles. *Appropriation • Acculturation • Transformation: Textile Society of America 9th Biennal Symposium Proceedings*. DigitalCommons@ University of Nebraska – Lincoln. http://digitalcommons.unl.edu/tsaconf/431, 2004.

Lipovetsky, Gilles:
L'Empire de l'éphémère. La mode et son destin dans les sociétés modernes. Paris: Gallimard, 1987.

Mabanckou, Alain:
L'art de se vêtir chez les Sapeurs congolais: indépendance du corps ou aliénation culturelle? *In:* Chr. Falgayrettes (Hg.): *L'Art d'être un homme. Afrique, Océanie*, S. 290–301. Paris: Éditions Dapper, 2009.

Magne, L. & H. M.:
L'Art appliqué aux métiers. Décor du tissu. Paris: Librairie Renouard, H. Laurens Éditeur, 1933.

Ma Mung, Guillaume:
Le commerce ethnique dans les espaces marchands de Château-Rouge (Paris) et Brixton (Londres). In: *Mobilités, circulation migratoire et transnationalisme au prisme des réflexions méthodologiques de jeunes chercheur(e)s en sciences sociales. e-Migrinter* [online], Nr. 13, URL: http://emigrinter.revues.org/564; DOI: 0.4000/e-migrinter.564, 2015.

Marshall-Fratani, Ruth:
Prospérité miraculeuse. Les pasteurs pentecôtistes et l'argent de Dieu au Nigeria. *Politique africaine*, H. 82, S. 24–44, 2001.

Martin, Phyllis M.:
Contesting Clothes in Colonial Brazaville. *The Journal of African History*, Jg. 35, H. 3, S. 401–426, 1994.

Martin Saint Léon, Pascal & Fall, N'Goné (Hg.):
Anthologie de la photographie africaine et de l'Océan Indien. Paris: Éditions Revue Noire, 1999.

Martin Saint Léon, Pascal & Pivin, Jean Loup:
L'art du portrait, quatre portfolios. *In:* S. Martin Saint Léon, Pascal & N. Fall (Hg.): *Anthologie de la photographie africaine et de l'océan Indien*, S. 78–91. Paris: Éditions Revue Noire, 1999.

McGuire, Harriet C.:
Woyo Potlids. *African Arts*, Jg. 13, H. 2, S. 54–56, 88, 1980.

Miescher Stephan F.:
»Bringing Fabrics to Life«: Akosombo Textiles Limited of Ghana. *In:* S. Gott & Kr. S. Loughran & B. D. Quick & L. W. Rabine (Hg.): *African-Print Fashion Now! A Story of Taste, Globalization, and Style*, S. 86–95. Los Angeles: Fowler Museum at UCLA (Fowler Museum Textile Series, Bd. 14), 2017.

Monnier, Prisca Munkeni:
Comment le wax fait croire qu'il est africain et étouffe les vrais tissus du continent. *Le Monde*, 30. Dezember 2016. www.lemonde.fr/afrique/article/2016/12/30/comment-le-wax-fait...africain-et-etouffe-les-vrais-tissus-du-continent_5055656_3212.html, 2016.

Mudimbe, Valentin-Yves (Vumbi-Yoka):
The Invention of Africa. Gnosis, Philosophy and the Order of Knowledge. Bloomington, Indianapolis: Indiana University Press; London: James Currey, 1988.

Nielsen, Ruth:
The History and development of Wax-Printed Textiles Intended for West Africa and Zaire. In: J. M. Cordwell & R. A. Schwarz (Hg.): *The Fabrics of Culture: the Anthropology of Clothing and Adornment*, S. 467–498. La Hague, New York: Mouton (World Anthropology), 1979.

Noret, Joël:
Le pentecôtisme au Togo éléments d'histoire et développement; *Autrepart*, H. 31, S. 75–92, 2004.

Obrist, Hans Ulrich & Shonibare, Yinka:
In Conversation. In: Y. Shonibare *Fabric-ation*, S. 13–23. Wakefield, West Yorkshire: Yorkshire Sculpture Park, 2013.

Peel, J. D. Y.:
Christianity, Islam, and Orisa-Religion. Three Traditions in Comparison and Interaction. Oakland: University of California Press, 2016.

Picton, John:
Technology, Tradition and Lurex: the Art of Textiles in Africa. *In:* J. Picton (Hg.): *The Art of African Textiles. Technology, Tradition and Lurex*, S. 8–30. London: Barbican Art Gallery, Lund Humphries Publishers, 1995.

Plankensteiner, Barbara:
African Lace: an industrial fabric connecting Austria and Nigeria. *Anthrovision* https://anthrovision.revues.org/pdf/679, 2013.

Plankensteiner, Barbara & Adediran Nath Mayo (Hg.):
African Lace: A History of Trade, Creativity and Fashion in Nigeria. Wien, Gent: Snoeck Publishers, 2010.

Poinsot, Laure:
Bandjoun Station. Entretien avec son fondateur, l'artiste plasticien Barthélémy Toguo. *Hommes et Migrations*, H. 1307 (*L'Afrique qualifiée dans la mondialisation*), S. 116–120, 2014.

Prestholdt, Jeremy:
Africa and the Global Lives of Things. *In:* Fr. Trentmann (Hg.): *The Oxford Handbook of the History of Consumption*. S. 85–108. Oxford: Oxford University Press, 2012.

Rabine, Leslie W.:
The Global Circulation of African Fashion. Oxford, New York: Berg (Dress, Body, Culture), 2002.
– African Prints Made in Asia (China, India, and Pakistan). *In:* S. Gott & Kr. S. Loughran & B. D. Quick & L. W. Rabine (Hg.): *African-Print Fashion Now! A Story of Taste, Globalization, and Style*, S. 114–119. Los Angeles: Fowler Museum at UCLA (Fowler Museum Textile Series, Bd. 14), 2017a.
– The Eternal Return of Fashion *Angelina*, the Dashiki, and Twenty-First-Century African Fashion. *In:* S. Gott & Kr. S. Loughran & B. D. Quick & L. W Rabine (Hg.): *African-Print Fashion Now! A Story of Taste, Globalization, and Style*, S. 238–247. Los Angeles: Fowler Museum at UCLA (Fowler Museum Textile Series, Bd. 14), 2017b.
– From Colonialism to Hip-Hop Style African-Print Fashion in Senegal. *In:* S. Gott & Kr. S. Loughran & B. D. Quick & L. W. Rabine (Hg.): *African-Print Fashion Now! A Story of Taste, Globalization, and Style*, S. 248–262. Los Angeles: Fowler Museum at UCLA (Fowler Museum Textile Series, Bd. 14), 2017c.

Raffles, Thomas Stamford, Sir:
The History of Java. Bd. 1. London: John Murray, 1830.

Ranger, Terence:
The Invention of Tradition in Colonial Africa. *In:* E. Hobsbawm & T. Ranger (Hg.): *The Invention of Tradition.* Cambridge: Cambridge University Press, S. 211–262, 2000 (1983).

Renne, Elisha P.:
Ankara Fashions in Nigeria. *In:* S. Gott & Kr. S. Loughran & B. D. Quick & L. W. Rabine (Hg.): *African-Print Fashion Now! A Story of Taste, Globalization, and Style,* S. 162–175. Los Angeles: Fowler Museum at UCLA (Fowler Museum Textile Series, Bd. 14), 2017.

Rhine, Kathryn A.:
Support Groups, Marriage, and the Management of Ambiguity among HIV-Positive Women in Northern Nigeria. *Anthropological Quarterly,* Jg. 82, H. 2, S. 369–400, 2009.

Rillon, Ophélie:
Corps rebelles: la mode des jeunes urbains dans les années 1960–1970 au Mali, *Genèses,* H. 81, S. 64–83, 2010.

Rolland-Diamond, Caroline:
Black America. Une histoire des luttes pour l'égalité et la justice (XIXᵉ–XXIᵉ siècle). Paris: La Découverte, 2016.

Röschenthaler, Ute:
Introduction: United in Dress: Negociating Gender and Hierarchy with Festival Uniforms. *Africa,* Jg. 85, H. 4, S. 628–634, 2015.

Rovine, Victoria L.:
Fashionable Traditions: The Globalization of an African Textile. *In:* J. Allman (Hg.): *Fashioning Africa. Power and the Politics of Dress,* S. 189–211. Bloomington, Indianapolis: Indiana University Press, 2004.
– *African Fashion, Global Style. Histories, Innovations, and Ideas You Can Wear.* Bloomington, Indianapolis: Indiana University Press, 2015.

Seiderer, Anna:
Unique copy. *In:* A.-M. Bouttiaux & K. Kouoh (Hg.): *David Adjaye's Geo-graphics. A Map of Art Practices in Africa, Past and Present,* S. 58–62. Brussels: Centre for Fine Arts – BOZAR; Mailand: Silvana Editoriale, 2010.

Simmel, Georg:
Fashion. *The American Journal of Sociology,* Jg. 62, H. 6, S. 541–558, 1957. *Philosophie de la mode.* Paris: Éditions Allia, 2013 (1905).

Spring, Chris:
African Textiles Today. Washington: Smithsonian Books, 2012.

Sylvanus, Nina:
L'étoffe de l'africanité. *Les Temps Modernes,* H. 620–621, S. 128–144, 2002.
– L'habileté entrepreneuriale des Nana Benz du Togo. *Africultures,* H. 69, S. 179–184, 2006.
– »Chinese Devils«? Perceptions of the Chinese in Lomé's Central Market. http://rss.cebri.org/eventos_03_ucla_paper7.pdf, 2007.
– Commerçantes togolaises et diables chinois. Une approche de la rumeur. *Politique africaine,* H. 113, S. 55–91, 2009.
– Fakes: Crisis in Conceptions of Value in Neoliberal Togo. *Cahiers d'Études africaines,* 2012, LII, H. 205, S. 237–258, 2012.
– Fashionability in Colonial and Postcolonial Togo. *In:* K. Tranberg Hansen & D. Soyini Madison (Hg.): *African Dress. Fashion, Agency, Performance,* S. 30–44. London, Neu-Delhi, New York, Sydney: Bloomsbury, 2013.
– Real/Fake: Brands, Labels, and China in West Africa. *In:* S. Gott & Kr. S. Loughran & B. D. Quick & L. W. Rabine (Hg.): *African-Print Fashion Now! A Story of Taste, Globalization, and Style,* S. 107–113. Los Angeles: Fowler Museum at UCLA (Fowler Museum Textile Series, Bd. 14), 2017.

Taylor, Keeanga-Yamahtta:
From #BlackLivesMatter to Black Liberation. Chicago, Illinois: Haymarket Books, 2016.

Thompson, Krista:
Find Your Father: Figuring Africa Between Colonial, Postcolonial and Diasporic Worlds. *In:* K. Wiley: *The World Stage: Africa. Lagos – Dakar.* Harlem, New York: The Studio Museum, 2008.
– The Sound of Light: Reflections on Art History in the Visual Culture of Hip-Hop. *The Art Bulletin,* Jg. 91, H. 4, S. 481–505, 2009.

Tsai, Eugenie (Hg.):
Kehinde Wiley. A New Republic. München, London, New York: Prestel & DelMonico Books; Brooklyn, NY: Brooklyn Museum, 2015.

van der Laan, H. Laurens:
A Swiss Family Firm in West Africa: A. Brunnschweiler & Co., 1929–1959. *African Economic History,* H. 12, (*Business Empires in Equatorial Africa*), S. 287–297, 1983.

Van der Plas, Els & Willemsen, Marlous (Hg.):
The Art of African Fashion. La Haye: Prince Claus Fund; Trenton NJ, Asmara, Eritrea: Africa World Press, Inc., 1998.

Van Kessel, Inneke:
Zwarte Hollanders. Afrikaanse soldaten in Nederlands-Indië. Amsterdam: KIT Publishers, 2005.

Van Koert, Robin:
Dutch wax design technology from Helmond to West Africa. Uniwax and GTP in post-colonial Côte d'Ivoire and Ghana. African Dutch Wax. Eindhoven: Stichting Afrikaanse Dutch Wax, 2007.
– *Dutch wax design technology van Helmond naar West Africa. Uniwax en GTP in post-koloniaal Ivoorkust en Ghana. Afrikaanse Dutch Wax.* Helmond: Stichting Afrikaanse Dutch Wax, 2008.

Verbong, Gerardus Petrus Johannes:
Technische innovaties in de katoendrukkerij en -ververij in Nederland 1835–1920. Amsterdam: Neha, 1988.

Verschueren, Jos M. Th.:
Jan Fentener van Vlissingen 1893–1978. Helmond: Vlisco, 1990.

Watteau, Diane:
Vous êtes idiotes par définition. In: *Le corps à la mode ou les images du corps dans la psychanalyse. Savoirs et clinique,* H. 10, S. 57–67, 2009.

Weghorst, Keith R. & Lindberg, Staffan I.:
What Drives the Swing Voter in Africa? *American Journal of Political Science,* Jg. 57, H. 3, S. 717–734, 2013.

Wiley, Kehinde:
The World Stage: Africa. Lagos – Dakar. Harlem, New York: The Studio Museum Harlem, 2008.

BILDNACHWEIS

© Vlisco (www.vlisco.com): Cover, 12, 19, 21, 30, 35, 42, 55, 63, 68, 83, 93, 96, 97, 105, 126, 154
© Seydou Keïta/SKPEAC, Abdruck mit freundlicher Genehmigung: CAAC – The Pigozzi Collection: 8, 10, 74–75, 174–175
akg-images: © Collection Dupondt: 4/© Paul Almasy: 5, 28, 29, 56–57, 60, 115, 132, 133/© Sputnik: 6, 7, 61/© Bruno Barbier: 24–25, 76, 118–119/© Africa Media Online/Gille de Vlieg/South Photos: 40–41/© Africa Media Online/Graeme Williams/South Photos: 66–67, 125–125/©Jacques Violet: 88, 109, 116–117/© Universal Images Group/Pascal Deloche/Godong: 89/© De Agostini/L. Romano: 99, 100–101/© Africa Media Online/Simone Scholtz: 106–107/© Africa Media Online: 114/© Horizons: 121
© Ohannes Kukrdjian: 14, 36, 37
© DR: 15, 33, 44, 45, 46, 47, 53 li.
© aus *First lessons in batik*, Lewis, Gertrude Clayton, 1921: 16–17
© Collection Bernard Collet: 18, 22–23, 39, 48, 50, 51, 52, 53 re., 73, 84, 85, 86, 87, 108, 110, 111, 112
© Alteaven: 27, 38
© Collection Troopen museum: 32
© James Kennel: 49
© Tom Joyce: 58–59, 64, 70, 72, 79 li., 80, 94, 120
© USAID/Kasia McCormick: 65
© Anne-Marie Bouttiaux: 71, 77, 79 re., 81
© Prosper Pérez: 78
© Héctor Mediavilla: 91, 123
© MONUSCO photos: 95
© Collection MRAC Tervuren; EO.1948.20.165, EO.0.0.43143; photo Studio R. Asselberghs – F. Dehaen, MRAC Tervuren: 129
© HelenOnline: 130 li.
© Eguanakla: 130 re.
© Ferdinand Reus: 131
© Kia Chenille für Demestik by Reuben Reuel: 135, 137
© Bernie Seb: 136, 144–145, 149, 152, AFP: © Elizabeth Pantaleo: 138/Roger Silva: 139
© Sandrine Alouf: 141
© Diane Ngako für By Natacha Baco: 142–143, 153
© Ondine Saglio: 146, 147, 148, 150, 151
© Michel Renaudeau: 156
© Kehinde Wiley, *On Top of the World*, 2008. Abdruck mit freundlicher Genehmigung: 159/*Three Wise Men Greeting Entry into Lagos*, 2008. Abdruck mit freundlicher Genehmigung: 166–167
© Othello De'Souza-Hartley, 2015. Samson Soboye (Modedesigner), im Auftrag des Africa Utopia Festivals, South Bank Centre London 2015: 162
© Omar Victor Diop: 165
© Barthélémy Toguo/mit freundlicher Genehmigung der Galerie Lelong, Paris & Bandjoun Station, Kamerun: 168
© Yinka Shonibare MBE. Alle Rechte vorbehalten, DACS/Artimage 2017. Abdruck mit freundlicher Genehmigung der James Cohan Gallery. Foto: Stephen White/© ADAGP, Paris, 2017: 169
© Romuald Hazoumè, ADAGP, 2017/mit freundlicher Genehmigung der Galerie MAGNIN-A, Paris: 170, 171
© Malick Sidibé, mit freundlicher Genehmigung der Galerie MAGNIN-A, Paris: 172, 173

Dieses Buch wäre nicht entstanden ohne die weitsichtigen Anregungen Audrey Demarres und die wertvolle Mitarbeit Juliette Sahuts. Mit ihrer Beharrlichkeit, ihrem Expertenwissen und ihrer guten Laune haben beide eine außergewöhnliche Arbeit geleistet.

Auch den folgenden Personen möchte ich für ihren Rat, ihre Ermutigung und Unterstützung herzlich danken:
Marla Berns, Christophe Evers, Tom Joyce, Kaleunkwe Ndiaye, Kelountang Ndiaye, Mandionka Ndiaye, Marie Ntula, Ruud Sanders (Vlisco)

Autorin und Verlag bedanken sich für ihre tatkräftige Unterstützung bei:
Natacha Baco, Bernard Bonnefon (AKG images), Evelien Brenninkmeijer (Vlisco), An Cardoen (Königliches Museum für Zentralafrika), Shauna Claiborne, Bernard Collet, Bernie de la Sébure, Othello De'Souza-Hartley, Omar Victor Diop, Amy Gadola, Romuald Hazoumè, James Kennel, Jean-Marc Pias, Reuben Reuel, Ondine Saglio (CSAO), Yinka Shonibare, Barthélémy Toguo, Élisabeth Welter, Kehinde Wiley.

Und ebenso bei allen, die an der Gestaltung dieses Buchs mitgewirkt haben.

Die Originalausgabe erschien 2017 unter dem Titel
WAX bei

Editions Hoëbeke
5, rue Gaston Gallimard
75328 Paris Cedex 07
www.hoebeke.fr

Aus dem Französischen von Julia Paiva Nunes

1. Auflage 2019

Satz und Redaktion: twinbooks, München
Printed in Slovenia

MIX
Papier aus verantwortungsvollen Quellen
FSC® C110418

www.gerstenberg-verlag.de
ISBN 978-3-8369-2154-1